U0861975

广西全民阅读书系

居里夫人的故事

[英] 埃列娜·杜尔利 著
苏玉鑫 张鼎程 译

小学版

广西全民阅读书系

广西出版传媒集团
广西科学技术出版社

图书在版编目（CIP）数据

居里夫人的故事 /（英）埃列娜·杜尔利著；苏玉鑫，张鼎程译. -- 南宁 ：广西科学技术出版社，2025. 4.-- ISBN 978-7-5551-2482-5

Ⅰ. K835.656.13-49

中国国家版本馆 CIP 数据核字第 20250PN083 号

JULI FUREN DE GUSHI
居里夫人的故事

总 策 划　利来友

监　　制　黄敏娴　赖铭洪
责任编辑　邓　霞
责任校对　吴书丽
装帧设计　李彦媛　黄妙婕　杨若媛　韦娇林
责任印制　陆　弟
插图绘制　林　锐

出 版 人　岑　刚
出　　版　广西科学技术出版社
　　　　　广西南宁市东葛路 66 号　邮政编码　530023
发行电话　0771-5842790
印　　装　广西民族印刷包装集团有限公司
开　　本　710mm × 1030mm　1/16
印　　张　10
字　　数　145 千字
版次印次　2025 年 4 月第 1 版　2025 年 4 月第 1 次印刷
书　　号　ISBN 978-7-5551-2482-5
定　　价　25.00 元

译者序

《居里夫人的故事》（*The Radium Woman*）一书，由英国著名儿童文学作家埃列娜·杜尔利（全名 Victoria Eleanor Louise Doorly，1880—1950）所著。该书以朴实、流畅的语言，真实、亲切的笔调，讲述了居里夫人一生勤奋执着、自强不息、无私奉献的个性品格和家国情怀，是一本非常适合少年儿童阅读的人物传记类作品。该书 1939 年 10 月甫一出版，就受到广大读者，尤其是少年儿童群体的青睐，并荣获了英国卡内基文学奖。此后，该书被多次重印。

该书能获此殊荣，与其作者埃列娜·杜尔利的求学、工作经历不无关联。杜尔利出生于牙买加，7 岁丧父，遂移居英国，由其姑婆抚养长大，后在法国一所中学学习过，对法国有着深厚情感。杜尔利这一背井离乡、寄人篱下的坎坷童年经历，使得她对于居里夫人童年身处沙俄统治下的压抑生活，能够感同身受，极易产生情感共鸣。此外，杜尔利创作《居里夫人的故事》时，正值其担任沃里克国王女子高中校长职务期间（1922—1944）。因职务与工作的原因，杜尔利与高中生朝夕相处近二十年，所以十分了解青少年的心理特点、语言习惯，以及认知水平。这使得其儿童文学作品的语言简洁、朴实、形象、生动，叙事具有真情实感，极富感染力。对于杜尔利在作品中的这种语言特点和叙事风格，我们在译文中都尽力进行了忠实再现和传译。

其实，在我们汉译该书之前，市面上已有众多汉译版本，出版比较早的如二粟译本（2009）、陈元飞译本（2012/2014/2021）、赵婷译本（2017）、石学文译本（2017/2023）、张向伟译本（2018）、龚勋译本（2019）、杨柳译本（2019）、金歌译本（2020）等；近几年出版的如吕竞男和梅芳译本（2021）、王晓平译本（2021）、易乐文译本（2021）、杜富中译本（2022）、李可珍译本（2022）、安东尼译本（2023）、缪建维译本（2023）、尹文萍译本（2023）、陈元飞和谢萌译本（2024）、钕乔译本（2024）等。从出版频率和出版数量来看，该书的汉译本比较集中地出版于 21 世纪，特别是自 2017 年开始至今，几乎每年都有一两个甚至三个汉译本出版，这在很大程度上反映了阅读市场对本书需求量的猛增趋势。从出版社类别来看，该书的这些汉译本多数由各省的少年儿童出版社出版，也有像译林出版社、山东文艺出版社、四川人民出版社等相对综合类的出版社发行，这主要与该书的内容和儿童文学体裁有关，正如作者杜尔利在原著版权页中所标明的“A Youth Edition of the Life of Madame Curie”（关于居里夫人生平的青少年版本）。但不得不指出的是，这众多汉译本几乎都有如下三个问题。一是未说明翻译所依据的底本问题。尽管该书出版后一直重印或再版，但内容上并未进行修订。作为翻译的常识，似乎有必要说明译者所依据的原著的版本。二是欠忠实于原著，主要表现为忽视原著句式特点而随意调整句式结构或语序、对原著内容随意增删等。这或许是译者为增强译文表述的流畅性或增强故事的趣味性而做出的“能动性”调适，体现出译者主体性的“操控权”。三是对于译文词汇的选择缺乏斟酌，选用的词汇明显超出了少年儿童的认知水平，加大了阅读难度，不利于“小读者”对原著内容的理解和接受。

针对以上第二种情况，我们可试举两例加以比较和分析：

如原著第一章首段“She would not think of asking her gentle, beautiful mother why not”一句，如果将其译为“她可以问温柔美丽的母亲，可她没有问”。很明显，原句中前半句的情态动词否定形式，在译文中被放到了句末，使得原句的句式结构特点并未在译文中忠实地再现，这造成了语气上的转折，加剧了语义上的不和谐。这是因为：在原著语境中，该句的前一句“She didn't ask the question”，即“她没问这个问题”，与本句“She would not think of...”前后两句在句式结构上表现为“否定 + 否定”，在语气上表现为以否定含义递进，语气连贯；若如上述译文，前后两句的句式结构就变成了“否定 + 肯定”，这在语气上则表现为转折，破坏了原著语境中的连贯语气。而若能将原文译成“她才不会问她那温柔、漂亮的妈妈这个问题呢”（即在句式结构上仍表现为“否定 + 否定”），就能在很大程度上再现原著语境的连贯语气，特别是“她才不会……”体现了儿童语言夸张、可爱的特点。

至于译文词汇选用欠斟酌的例子，不妨再举第一章首段中的一句“she only puzzled...”，如果将其译为“百思不得其解”，这一带有浓重文言色彩的表述，显然超出了儿童，甚至一些少年的理解能力，同时也有悖于作者那朴实、生动的儿童语言风格，倒不如直接译为“她想不通……”更符合原著的语言特点。

当然，诸如上述所举译例的问题，还有不少，相信细心的读者一定有所感触。

与上述相关译本不同的是，本书翻译所依据的原著版本为 1957 年重印版，并且在翻译过程中侧重以下两个方面。第一，尽量忠实地再现原著的句式结构特点，以确保原著美学及其价值的再现和传译。当然，也偶有为增强译文的流畅性，在尽量保证原文含义的前提下，适当调整个别句序的情况。第二，忠实地再现原著简洁、朴实、流畅的语言风格，以便于青少年读者理解。当遇到原著的语义可用非常接近的汉语成语、四字结构翻译时，我们尽量克制少用，甚至不用，即便用，也会考虑到这类成语、四字结构在上下文中的使用“密度”问题，以避免“密度”过大，影响青少年读者阅读理解。

本书翻译前期鼎程因时间冲突，所以本人先译前十六章，鼎程译最后三章，最终由主译校译全稿。由于翻译水平有限，以及其他客观因素的制约，本书难免存在不足之处，恳请广大读者、方家批评指正！

苏玉鑫

2025 年 1 月 10 日于黄河之滨

作者前言

居里夫人的一生，已由其女儿写成书出版了。文笔优美，魅力无限，无人能比。因此，我怀着万分谦逊的心情，斗胆从那本精彩的书中，为少年儿童提炼出一个更简短的故事。

人们不应该等到十六岁以后，才去结识那些最伟大、最令人敬仰的人物，才去听闻世界上那些最伟大的事迹。然而，完整的传记必定篇幅冗长，而且所用文字往往只有阅历丰富、年事较长的人才会熟悉。

故而，我希望这本《居里夫人的故事》以及罗伯特·吉宾斯精美的木刻插图[①]，能帮助家中的少年儿童，一同领略长辈们从居里夫人生平中获得的强烈喜悦，促使他们立下誓言："我们绝不让自己错过有关这位非凡女性的只言片语或点滴启示。我们还要去读伊芙·居里所著的《居里夫人传》。"

埃列娜·杜尔利

1939 年 3 月于沃里克

① 罗伯特·吉宾斯曾为原著创作了多幅木刻插图，很遗憾本书未能收录。

目 录

第一章　玛妮娅在唱歌…………………………………　1

第二章　玛妮娅在学习…………………………………　7

第三章　反抗……………………………………………14

第四章　一整年的假期…………………………………21

第五章　人们……………………………………………29

第六章　不幸中的万幸…………………………………39

第七章　改变……………………………………………45

第八章　“我抓住太阳，然后把它扔出去……”　……50

第九章　玛丽的爱情故事………………………………61

第十章　居里夫人…………………………………………………… 70

第十一章　伟大的发现…………………………………………… 79

第十二章　黑暗中的一丝亮光…………………………………… 87

第十三章　绝不售卖……………………………………………… 96

第十四章　黑暗……………………………………………… 102

第十五章　不管发生什么…………………………………… 109

第十六章　战争……………………………………………… 118

第十七章　在国内…………………………………………… 127

第十八章　在国外…………………………………………… 133

第十九章　假期……………………………………………… 141

第一章
玛妮娅在唱歌

为什么不让啊？！为什么？！！为什么？！！！为什么不让玛妮娅读书啊？她没问这个问题。玛妮娅才不会问她那温柔、漂亮的妈妈这个问题呢。她想不通，但也只是摇摇那倔强的小脑袋罢了。那双灰蓝色的大眼睛，透过额前的金发，眨呀眨呀地闪着亮光。

总是这样！她只能无奈地反问："难道我就不能读书吗？"她只要伸手去拿书，就一定会有人说："亲爱的玛妮娅，快去花园里玩吧！"要不就是"你都一整天没跟你的布娃娃玩了呢"，再不就是"用那些好看的新积木给我建个小房子吧"。他们的这些小把戏玛妮娅全都知道。读书就是调皮——这只是对她来说，而对布洛妮娅来说读书就不是调皮了。但实际上，她能读懂，而布洛妮娅读不懂。然而叫人想不明白的事发生了：那天她从布洛妮娅手中一把抓过来一本书——很明显，这就是她所犯的所有"错误"。要知道，她这样做并没有恶意。布洛妮娅总要跟她一起玩纸牌字母游戏。在她们叔叔的果园里，没事可做的时候，她们就躺在草地上，把那些纸牌字母排成一个个单词。后来，有一天，她们刚回到家，爸爸就对布洛妮娅说："让我们一起看看你书读得怎么样了。"于是，布洛妮娅翻开书，站

在那里，结结巴巴地拼读着一个个单词。这时，玛妮娅一把从她手里抓过书，读了起来。“玛妮娅！”妈妈大喊道，既惊讶又气愤。爸爸一脸严肃，布洛妮娅也气鼓鼓的。玛妮娅慌了，大哭起来：“对不起……我不是故意的。”

从那天起，爸爸妈妈就不让玛妮娅读书了。当时，她站在妈妈卧室的门口，进也不是退也不是，不知该怎么办才好。整整一上午，玛妮娅穿过长长的卧室走廊，一直为布洛妮娅搬运“弹药”，来攻打约瑟夫和海拉的“城堡”。他们的“城堡”和“弹药”都是用崭新的积木做成的。玛妮娅忙活得又热又累，就首先退出了“战争”，这场游戏也就结束了。休息完，玛妮娅感觉实在没有什么好玩的，就去找姐姐一起到花园里玩。“佐希娅！……佐希娅！”她冲屋里喊了一声，姐姐就出来了，然后两人手牵手向花园走去。佐希娅十二岁了，在弟弟妹妹们眼里，她已经是一个大人了。其中，约瑟夫、海拉和布洛妮娅都只有八岁，而玛妮娅才五岁。其实，玛妮娅四岁时就能读书识字了，但如今因为那次读书的事，家里又不让她读了。因为爸妈不想让他们聪明的小女儿感受到压力，所以他们并不打算告诉她原因。

花园宽大平坦，四周有围墙，里面是一片被踩踏过的草坪，还有些树。在花园里的大多数地方，他们都玩得很开心，但在进出花园时，就得小心了，因为他们得路过“食人怪”——欧格尔的那排窗子。花园是男子中学的，而且玛妮娅一家和那个“食人怪”都住在这所学校里。就连姐姐佐希娅在经过那排窗子时都会紧张、害怕，她会压低声音，小声地告诉小妹妹：悄悄地走，别出声。

玛妮娅尽管只有五岁，但已经知道很多事情了。比如，她知道欧格尔是一个“食人怪”——是他把玛妮娅的祖国切成了三块[1]，就像一个巨怪跟另外两个巨怪分享战利品一样。玛妮娅是个波兰孩子，欧格尔是个俄国人，是这所学校的校长。玛妮娅的爸爸就在这个“食人怪”校长的学校里教数学课和物理课。“食人怪”校长在这里就是要让所有波兰男人、女人和孩子都完全装扮成俄国人。玛妮娅知道，跟这种“食人怪”在一起必须时刻保持警惕，格外小心，闭上嘴巴，不然就会被抓走。

还有一件事，玛妮娅也很清楚——虽然她住在城里，但乡下也是个很美好的地方：那里有好多好多叔叔阿姨、兄弟姐妹；有可以在里面划船的小溪；有可以做“泥饼”的泥巴；有烤制美味蛋糕所需要的充足阳光；还有一棵老酸橙树，兄弟姐妹七人坐在上面，吃着用凉凉的卷心菜叶包着的醋栗。玛妮娅一来，他们就会把她高高地举起放到那压弯了的树枝上，每个人都会拿出醋栗与她分享。整个 7 月，玛妮娅就变成了一个野生的“小农人”了。

玛妮娅还很了解自己的妈妈。她知道妈妈在这个世界上最爱的就是她。妈妈长得确实非常漂亮，所以玛妮娅对妈妈的美一点儿都不惊奇。她也爱听妈妈那美妙的歌声，她还喜欢上床睡觉时妈妈以她特有的手法轻抚她的头发和前额，而不是亲吻她。晚上全家人都围着饭桌跪着祈祷，“求上帝保佑妈妈快快好起来吧”，玛妮娅根本没想到这是因为妈妈生病了，也根本没想到这也是妈妈不亲吻她的原因。

玛妮娅出生在 1867 年 11 月 7 日，取名“曼雅”，但大家更习惯叫她“玛妮娅”或“玛纽希雅”——或最常见的叫法，一个听起来怪怪的昵称——“安秀珮希欧”，因为波兰人喜欢叫昵称。佐希娅就曾

① 波兰曾在 1772—1795 年间被俄国、普鲁士、奥地利三个国家逐步瓜分。

花时间在花园里给她讲了一个有关安秀珮希欧的长长的故事。她讲故事比其他人讲得都好。佐希娅还经常编一些欢快的小戏剧，为她的兄弟姐妹表演，而且她还能一个人扮演所有角色呢。这些小戏剧演得太像那么回事了，逗得玛妮娅一会儿乐得哈哈大笑，一会儿又吓得浑身发抖——让她都不记得自己住在哪、邻居是谁，甚至不知道故事里讲的人是谁了。

她们到家时，发现爸爸已经讲完课回到家，正坐在他自己那间家里最宽敞、最舒服的书房里。她们俩悄悄地进了屋。妈妈正坐在那给玛妮娅做鞋子。嘎吱，嘎吱，剪刀裁过坚硬的皮革；吱嘎，吱嘎，蜡线将鞋底越缝越紧；咔嗒，咔嗒，锤子不停地敲打，钉实了鞋掌。妈妈那双又细又白的手，即便干这样的粗活也很灵巧熟练——必须这样才行，因为五个孩子一年会磨掉很多双鞋掌呢！

那天晚上，爸爸一直在讲“食人怪”欧格尔的事。爸爸平时也常常提到他。“食人怪”对她们家影响很大，而且以后的影响会更大。前几天，“食人怪”很严厉地惩罚了一个波兰小男孩，就因为他在俄语课上犯了一个语法错误。俄语可是世界上最难学的外语之一啊！爸爸实在忍不住了，说道：“校长先生，您生在俄国，长在俄国，可您讲俄语有时也会犯语法错误啊！”“食人怪”没有马上反驳，只是生气地瞪着眼，谋划着明年怎么跟爸爸算总账。

玛妮娅在爸爸的房间里转来转去，高高翘着小鼻子，梦想着自己的小心思，摆弄着自己心爱的小饰品。她轻手轻脚，害怕吵到哥哥姐姐——他们正围坐在爸爸那张平整的大书桌旁做作业呢。玛妮娅对墙上那幅华丽的主教画像一点儿都不感兴趣。据说那画像是一位有名的画家画的，但玛妮娅才不关心这个呢。她喜欢书桌上的那个时钟，她盯着钟面看了好一会儿，听着它响亮的“嘀嗒”声。她喜欢让手指在光滑的、五颜六色的西西里大理石桌面上轻轻滑走着，但不喜欢桌上那个放着蓝色塞夫勒陶瓷杯的陈设架。她小心翼翼地躲开它，因为那东西容易碎，如果碰到了，糟糕的事情就可能会发生。接下来的那些宝贝就不一样了，它们更加亲切，更加神秘，有着可爱、冗长、又让人费解的名字——比如挂在墙上的气压计，爸爸每天都会认真地查看，还轻轻敲它几下，而孩子们就眼巴巴地盯着看。那个玻璃橱柜里放着玻璃试管、精密天平、矿石，还有一个金箔验电器。“这是……？”一天，玛妮娅开口问道。

“这是些什么呀？”

“那是些物理仪器。”爸爸用一种严肃又带点儿逗趣的口吻打断她，回答道。

爸爸压根儿就没想到——玛妮娅也压根儿没想到，她自己将来会和这些物理仪器产生什么联系！不过，她喜欢这些听起来怪怪的词，于是一边跑开一边念叨着：

物－理－仪－器。

物－理－仪－器。

第二章
玛妮娅在学习

玛妮娅的学校是个奇怪的地方，她在那儿学到了一些奇怪的本领：比如，怎样去做学校不让做的事情；怎样迅速掩饰自己的违规行为；怎样假装在做而实际上根本没在做的事情；怎样糊弄政府的督学员；等等。因为玛妮娅比大多数孩子都要聪明，所以很快她做所有这些事都比其他孩子做得好。但在那所学校里最奇怪的事情却是，她的女班主任和女校长都觉得她帮了她们大忙，而并不是像你可能认为的那样，觉得她是一个大麻烦。

一天，她们班的二十五名学生正在上一堂妙趣横生的历史课——这堂课可比英国孩子上过的任何一堂历史课都要有趣得多，因为这是一堂被禁止上的课。班上这二十五名学生和她们的女老师都知道这堂课是被禁止的。

班里坐着的都是十二岁的孩子。玛妮娅当时只有十岁，坐在第三排，靠近一扇高高的窗户，从那窗口能看见外面被白雪覆盖的草坪。全班二十五名学生都穿着海军蓝校服，上面钉着钢制纽扣，缝着白色衣领；她们的头发被紧紧地扎成辫子，系上一个精致的蝴蝶结，别在耳朵后面。她们都把耳朵竖了起来：左耳全神贯注地聆听着历史课上的每一个字，右耳则时刻警惕着，准备捕捉某个门铃发出的第一声叮当响——她们可都是拴在一根绳儿上的蚂蚱呀！女老师和学生们都在听着、等着——等着被抓个正着！

玛妮娅正在回答一个问题——老师喜欢让她回答问题，因为她的历史课成绩总是第一名，算术、语文、德语和法语课成绩也是第一名。当时，她正在讲自己刚学的关于波兰国王——斯坦尼斯瓦夫·奥古斯特的故事。“他当选为波兰国王，”她说道，“是在1764年。他是一位聪明而且受过高等教育的国王，也是诗人和艺术家的朋友。他明白波兰贫弱的原因，并且试图让波兰强大起来，可是，唉！他没有勇气……”就连玛妮娅都知道，身为一个国王就应该有勇气，她的语气充满了强烈的惋惜——那是一个十岁孩子的强烈惋惜，她的的确确已经懂得很多了。当——当——叮——叮。所有人都猛不丁地被吓得打了一个激灵。所有人都迅速行动起来，没有发出一点儿声响。图布希雅——她们喊自己的女老师这个名字——迅速把她的波兰语书籍堆好，每个孩子也都把自己的练习本和波兰历史书堆了起来。负责这项任务的五个孩子把所有的书都收拢到她们的围裙里，然后以最快的速度把书送到寄宿生的宿舍里。其余的孩子则拿出针线活，在棉布方巾上精心地缝着扣眼，就好像她们从来没干过其他的事儿一样。

那位俄国督学员走了进来，由满脸不高兴的女校长陪着。女校长没能拦住他急匆匆的脚步，此刻正惊慌失措，生怕那先响两声长音，再响两声短音的示警铃没能给孩子们足够多的时间去隐藏她们的违规行为。但孩子们都在认真地做着针线活，根本看不出这有什么异常情况，只是有五个小女孩有点气喘吁吁，脸蛋看上去可能也有点儿红红的。不过一般是不会被人注意到这些的。

霍恩伯格先生，也就是那位督学员，重重地坐了下来。尽管他身体肥胖，还剃了个光头，但模样倒长得还不错。他的制服很是亮眼，黄色的裤子，蓝色的夹克，上面缀着擦得锃亮的银色纽扣。他一声不吭，透过金边眼镜犀利地打量着孩子们，然后带着厌烦的神情快速地瞥了一眼图布希雅摊放在课桌上的书。

“她们做针线活的时候你在大声朗读？”他质问道，“这是什么书？”

“克雷洛夫的《童话故事集》。我们今天刚开始读呢。”

霍恩伯格先生对这本俄国书很熟悉，而且由衷地认可它。他打开其中一张书桌，发现里面很整洁，什么都没有。缝扣眼的活儿已经停了下来，孩子们都很有礼貌地等着听他睿智的教诲。他可没有那种眼力，能从她们那不动声色的脸上看出隐藏在她们庄重眼神背后的恐惧、聪慧和仇恨。

“小姐，请喊班里一个学生起立。”

图布希雅松了口气。她可以挑一个不会把事情搞砸的孩子站起来。然而，有个孩子正在祈祷着别叫到自己。“上帝啊，千万别是我，求求您了……”她没听到上帝说：“玛妮娅·斯克洛多夫斯卡，这个世界正等着看你学会出色地完成那些棘手的事情呢。”但她确实听到图布希雅叫了玛妮娅·斯克洛多夫斯卡！

她站起身来，脸一会儿发烫，一会儿发凉，羞怯感紧紧地揪住了她那稚嫩的喉咙。

“背诵一下主祷文。”霍恩伯格先生命令道。

玛妮娅服从命令，按照这位外国统治者的要求用俄语背诵了主祷文，而不是依照她自己宗教的习俗用拉丁语背诵。

“说出从叶卡捷琳娜二世以来的神圣俄罗斯沙皇的名字。”

“叶卡捷琳娜二世、保罗一世、亚历山大一世、尼古拉斯一世、亚历山大二世。”玛妮娅用极为标准的俄语背诵着，就好像她是在圣彼得堡长大的一样。

“还有沙皇家族的名字和头衔。”

“皇后陛下，皇太子亚历山大殿下，大公殿下……”

“很好！谁统治我们？”

玛妮娅犹豫了。

“谁统治我们？”督学员不耐烦地重复道。

“全俄罗斯的沙皇，亚历山大二世陛下。”玛妮娅结结巴巴地说道，脸色变得煞白。

视察结束了，督学员也走了。他对自己的所见所闻非常满意，觉得自己在管理部门的工作岗位上取得了真正的成功。但玛妮娅却崩溃大哭起来，仿佛心都要碎了。

放学后，在外面的街道上，兴奋的孩子们有故事要讲给来接他们的姨妈、妈妈和保姆听；但他们是悄悄说的，因为他们非常清楚，任何一个路人、任何一个闲逛的人，都有可能是间谍，会把哪怕是一个孩子说的话报告给政府。

海拉和玛妮娅各自挽着露西娅姨妈的胳膊。“督学员提问了玛妮娅，”海拉小声说道，“她回答得非常出色，可之后却哭得像个婴儿似的。不管怎么说，督学员没从任何人身上挑出什么毛病。”

玛妮娅没吭声。她厌恶这一切——厌恶担惊受怕，厌恶被迫觉得自己属于一个被奴役的民族，厌恶不得不说谎，一直说谎。当她紧紧挽着姨妈的胳膊时，她想起了所有令她厌恶的事情：欧格尔——那个“食人怪”设法把她爸爸从教授职位上赶了下来。这就导致他们不得不让学生都暂住在自己家，糟透了，这常常让他们感到不自在又不开心。但与失去佐希娅相比，这点儿不开心根本算不了什么。因为佐希娅会给她讲故事，也会倾听她所有想说的话。但后来，佐希娅从借住在她们家的一个学生身上感染了斑疹伤寒，然后就永远地离开了。

穿过阳光照耀下被白雪覆盖的公园，她们三人朝着华沙老城走去。老城里有狭窄的街道和高高耸立、屋顶倾斜的房屋，房屋四周都环绕着积雪。从一些意想不到的角落，会探出些奇特的小雕塑，或是圣母玛利亚的面容，或是模样奇怪的动物石像。

突然，古老的教堂钟声在她们头顶上当当响起，在这寒冷的空气中清脆而又喧嚷。那里有很多教堂，露西娅姨妈拉着孩子们穿过其中一座教堂那扇昏暗的门，走了进去，多年前他们就常在这里做弥撒。如今没了佐希娅的陪伴，玛妮娅怎么能自己走进这座教堂呢？但是，她还是走了进去，因为此刻她心中有一种比其他任何恐惧都更加冰冷的畏惧，她想祈求上帝让她的母亲好起来。“让母亲好起来吧，”她祈祷着，“上帝啊，请让我代替母亲去死吧。”

再次来到室外，呼吸着冬天清新的空气，露西娅姨妈提议出去逛一逛：她们要去维斯瓦河[①]，从卖东西的船上购买家里要用的苹果。孩子们把悲伤抛在了脑后，沿着通往河边的长台阶跑了下去。宽阔的维斯瓦河带着昏黄的色调，环绕着低矮的沙岛，浩浩荡荡地流淌着。巨大的空驳船缓缓地相互碰撞着，有时还会“砰”——撞在岸边的浮动澡堂和洗衣房上，发出低沉的声音。在那个冬季，只有那两艘长长的苹果船周围才有点儿生机，因为它们是从河的上游远道而来，要给华沙的孩子们带来红彤彤、喜洋洋的欢乐。船主穿着暖和的羊皮大衣，走在船上，身子摇摇晃晃的。他掀掀这儿的稻草，扯扯那儿的稻草，向顾客展示他的苹果尽管在维斯瓦河上航行了好多天，但依然红得发

① 波兰最长的河流。

亮，丝毫没有被冻坏。

先是海拉，然后是玛妮娅，她俩扔下暖手套和书包，开始兴奋地挑选起苹果来，把苹果堆放在要带回家的大柳条篮子里，要是偶尔发现有坏了的苹果，就远远地扔到河里去，还比着看谁扔得更远呢。

随后，露西娅姨妈雇了一个小伙子把篮子送回家，接着就带着她照管的两个孩子下了船。两个孩子都在大口大口地啃着红苹果。

五点钟回到家，大家吃了一顿比苹果更丰盛的饭菜，然后就围着大书桌开始做家庭作业。很快，那些做功课时喜欢弄出很大动静的人发出的嘈杂声就喧闹了起来，这种令人厌烦的习惯在波兰以外的其他国家也存在。孩子们不得不用俄语学习课程。对波兰孩子来说，用俄语学习数学比用波兰语学可要难太多了。法语和德语的语法书也全是用俄语写的，遇到不认识的单词还得查俄语词典。当然，他们可以用波兰语给自己解释难点，但到了第二天早上，他们就得用俄语来上课，并用俄语解答几何问题。他们必须用非母语的语言来写作文，还得把法语直接翻译成俄语来阅读。学习可真不容易啊！

但玛妮娅是个小天才。她不用学就能凭魔法般的本事知道很多事情，她只需把俄语诗句读两遍就能一字不差地记住，真是个幸运的小家伙！但她也是个心地善良的小家伙，因为当她提前做完家庭作业时，她就会帮助其他人走出难题的迷宫。不过也不总是这样。要是有机会，她会在桌上，在胳膊肘间打开一本书，双手捂住耳朵挡住海拉的背诵声，然后……读起书来！玛妮娅读书的时候，谁也没有办法吵到沉浸其中的她，她什么都听不见。全家人有时会谋划着逗她，弄出像所有动物园里的动物都跑出来还拿着锡罐玩耍那么大的动静，可玛妮娅直到读完书才会听见。这就是专注力，能从生活的幸运袋里抓到这样一份令人欣喜的天赋可不容易。

有一次，她正在读书的时候，有人在她周围用椅子搭起了一个脚手架似的架子——两边各放一把椅子，身后放一把，头顶上再放三把，就这样一直往上搭。她既没有看见哪怕一把椅子或者搭建的人的影子，也没有听到兴奋的低语声，或强忍不住而发出的笑声。等她读完书抬起头来时，整个搭起来的架子在其他人的哄笑声中轰然倒塌。但这并没有逗笑玛妮娅。她揉了揉被撞疼的肩膀，走进了另一个房间，经过哥哥姐姐们身边时，只是气呼呼地甩下一句："真无聊！"

到了睡觉的时候，斯克洛多夫斯卡家的女孩们就裹着兽皮睡在餐厅里，因为卧室得腾出来给那些交了钱的学生住。夜里，兽皮常常会滑落，让她们冻得够呛。早上，她们还得摸黑起床，因为得收拾好餐厅准备供学生们吃早餐用。

但诸如此类的事情对玛妮娅来说并不重要。她能看出来，妈妈的病情越来越严重了。她一直在向上帝祈祷，可上帝似乎并不理会十岁的玛妮娅。到了春天，5月的时候，还没等她满十一岁，母亲就悄然离世了，临终前还对她的小女儿轻声说道："我爱你。"

玛妮娅学到了很多东西，她懂得了生活不仅要求国王有勇气，也要求各个民族，要求大人和孩子有勇气。对于这一切，她有自己的想法。在她看来，这一切既不公平又不仁慈，让人根本无法理解。她倔强又愤怒，一点也不想顺从。

第三章
反抗

玛妮娅十四岁了，但长得不如她的姐妹们漂亮。布洛妮娅已经相当成熟了，穿着长长的拖地裙，金色的头发在脑后盘成了一个发髻。她已经接替了妈妈的位置，负责料理家务和照料房客。海拉十六岁，是个小美人儿，皮肤白皙、身材高挑、举止优雅。同样皮肤白皙的约瑟夫身材挺拔、长相英俊。他正在大学学习医学。

女孩们原本也想过自己能去上大学，然而在被沙俄占领的波兰，任何女性都不允许进入大学学习。如果她们想要学到比在学校所学更多的知识，就只能自己从书本中获取，或者到别的国家去求学。

就现在来看，玛妮娅自己倒是挺满足的。她已经升入了高中，就像一只拥有了自己所需全部坚果的松鼠一样开心，但她很为布洛妮娅担心。要是上不了大学，布洛妮娅该怎么办呢？她——玛妮娅难道就不能想出个办法，把布洛妮娅送到某个女孩子能学到她们想学的知识的国家去吗？她下定决心要努力工作挣钱来供她的姐姐上学。嗯，要挣钱的首要途径就是顺利完成学业！那天早上，如果玛妮娅不快点吃完早餐，切好带去学校当午餐的三明治，并且，没错，还要从兰塞特那里把肉抢救出来的话，她上学就要迟到了。兰塞特打断了她的思绪。它刚才猛地扑过来抢走了等着被切碎用来做三明治的最后一块羊肉。兰塞特是一只红色的塞特犬，是全家人的宝贝。它长得非常漂亮，但总是调皮捣蛋，专做不该做的事。它的耳朵、尾巴和爪子上长着金色的毛，本该是一只非常听话的猎犬，可它没受过什么训练。玛妮娅、她的哥哥和姐姐们整天宠着它，亲吻它，甚至把它养成了一只哈巴狗。它睡在椅子上，用尾巴扫倒花瓶，偷吃别人的午餐，用它那过于热烈的欢迎方式把访客们吓得够呛，还会极其礼貌地帮访客叼来帽子和手套——等这些东西回到主人手上时，已经被弄得惨不忍睹了。

终于，午餐被妥妥地包好了，玛妮娅把书包往背上一甩，又哄着兰塞特留在了家里，然后就跑去上学了。

在扎莫伊斯基伯爵居住的蓝色宫殿前，她停了下来，在守卫着其中一个古老石庭院的青铜雄狮前犹豫了一下，然后把手放在狮子嘴里的大环上，将它从狮子的鼻子上方翻转了过来。

“别跑呀，玛妮娅，”一个声音从窗口传来，“卡齐雅马上就到。”玛妮娅在上学路上总会去接上卡齐雅，她是伯爵图书管理员的女儿。但要是她的朋友迟到了，她就会把青铜环翻上去然后继续走。这样一来，卡齐雅就不会怀疑她是否已经路过了。

“今天下午来喝茶呀，”卡齐雅的母亲喊道，“会有你最爱吃的巧克力冰饮哦。”

“你当然要来喝茶了，”卡齐雅说，“哦！我们是不是要迟到了？快走！”

于是，两人沿着狭窄的街道匆匆前行，穿过公园。她们都没有意识到其他人都能看出的两人之间的差别。卡齐雅打扮得很漂亮，显然是备受爸妈宠爱的女儿，而玛妮娅则没人帮她打扮，衣着也有点破旧寒酸。

去学校的路很远，她们有充足的时间闲聊，也有时间玩一些游戏。下雨的时候，她们会特意穿着橡胶套鞋在水坑最深的地方走；天气干燥的时候，她们就玩“绿”游戏①。

“咱们去商店买本新的练习本吧，”玛妮娅说，“我看到一些特别漂亮的，绿色封面的本子，那种本子可以……”

但卡齐雅没上当。一听到“绿色”这个词，还没等玛妮娅把话说完，她就从口袋里掏出一块早就准备好的绿色天鹅绒递给了玛妮娅。她就这样逃过了一次“惩罚”。但这次她俩并没有把这个游戏继续下去，因为玛妮娅似乎已经不想玩这个游戏了。她开始说起她们上节历史课的事儿——在那堂课上，老师特意告诉她们，波兰只不过是俄国的一个省，而波兰语也只是一种方言。

“不过他看起来还是很不自在，”她说道，“你注意到了吗？他都不敢看我们，脸色也变得煞白。”

“没错！”卡齐雅说，“他的脸色几乎都绿了。”刚说完，她就看见玛妮娅在她鼻子底下捻着一片嫩绿的栗树叶。

“我们已经走过纪念碑了！”玛妮娅惊恐地叫道，“哦，好吧！我们得回去。”于是她们又往回走，一直走到萨克森广场，那里有一根由四只狮子支撑着的高大柱子。柱子上写着“献给忠于君主的波兰人”。沙皇们竖立这座纪念碑是为了纪念那些背叛自己国家，为压迫者一方作战而死的波兰人。对于所有忠于波兰的波兰人来说，每次经过这座纪念碑时向其吐口水已经成了他们的一项义务。玛妮娅和卡齐雅绝不会不履行这项义务，即便这意味着她们要原路返回或者上学迟

① 一方说“绿”，另一方要随即拿出绿色的物品来回应，如果拿不出或反应慢了就要受到对方的“惩罚”。

到，她们也要这样做。

“你今晚来看跳舞吗？”玛妮娅问道。卡齐雅当然会去。每周都会有几户人家聚在斯克洛多夫斯卡家跳舞，但只有已经“出嫁”的姑娘才被允许跳舞。卡齐雅和玛妮娅只能老老实实地坐着观看。不过，她们也在一点点地了解跳舞的门道，研究舞步，讨论动作，熟悉曲调，等大人们跳完了，她们就自己练习。

她们一边热切地讨论着长大成人后的种种乐趣，一边从学校的拱门走进庭院。来自四面八方的女孩们正成群结队地涌进那座空荡荡的三层大楼。到处是欢声笑语、叽叽喳喳的闲聊声，还有许多相互间的问候，洋溢着欢快的气氛。但有一个女孩儿正独自匆匆赶来，仿佛不希望别人注意到。当玛妮娅和卡齐雅追上她时，她们看到她的眼睛又红又肿，衣服也乱糟糟的，好像是随便套上的。

“库妮茨卡怎么了？”她们彼此询问着，其中一人还悄悄伸出手臂搂住了那个女孩。

“库妮茨卡，你这是怎么了呀？”

库妮茨卡几乎答不上话来。她苍白的脸因痛苦而扭曲着。“是我哥哥，”她结结巴巴地说，“他被卷入了一场阴谋……我们已经三天没有他的任何消息了……他们……他们打算明天天一亮就绞死他。”

这些话似乎毫无意义。两人把库妮茨卡从人群中拉了出来，俯身去靠近她，努力去理解她，设法去安慰她。但对于一个哥哥明天就要被绞死的人来说，又哪有什么安慰可言啊！玛妮娅和卡齐雅认识她那年轻、快乐的哥哥。他是她们的朋友。他没做错任何事。他怎么就要死了呢？

“快点吧，孩子们！别聊了！”这是令人厌恶的德国女舍监迈耶小姐的声音，于是这三个女孩只得强忍着悲痛走进学校。

这里已经不再是玛妮娅小时候就读的私立学校了，而是由俄国政府开办的公立高中。在这所学校里，除了学生，其他都是俄国的。波兰孩子必须到这里来上学，因为只有这样，他们才能拿到某种证书，从而有机会找到工作。他们虽然来上学了，但都是反抗者，而且比他们的长辈们更能自由地表达自己的意见。玛妮娅和卡齐雅热衷于编造一些俏皮话来调侃她们的俄国教授、德国老师，尤其针对迈耶小姐，她对玛妮娅的厌恶程度只比玛妮娅对她的厌恶程度稍低一点。

身材矮小、肤色黝黑的迈耶小姐过去常常穿着软底拖鞋四处走动，这样一来既不会发出声响，又能更好地监视女孩子们。

“和那个斯克洛多夫斯卡家的女孩说话根本没用，”她说，“就好比朝墙上扔青豌豆一样白费力气！”

“看看你那可笑的、乱蓬蓬的、乱糟糟的头发，玛妮娅·斯克洛多夫斯卡！都跟你说过多少次了，要把你的卷发梳整齐！过来，让我把它们梳直，让你看上去像个像样的女学生。”“像个德国的格雷琴①！”玛妮娅心想，但她什么也没说。于是，迈耶小姐拿着那把给所有人梳头发的梳子，在玛妮娅头上狠狠地梳了起来。但不管她怎么用力梳，那些卷发依旧桀骜不驯——那一头轻盈、任性、漂亮的卷发，垂落在玛妮娅那张圆圆的、充满叛逆的脸庞两侧。

“我不许你那样看着我！”迈耶小姐叫嚷道，“你没资格瞧不起我！”

“我没办法呀。”玛妮娅实话实说，因为她比迈耶小姐高出一个头呢。毫无疑问，她很高兴有些话语有时候可以有两层意思。

不过，女孩子们还是喜欢一些老师的，因为有些老师是波兰人。

① 德国民间故事中常见的传统女性形象。

让她们惊讶得说不出话来的是，她们在一些俄国老师身上也发现了对波兰人的同情。她们开始明白，就算是在俄国，也有反抗者存在。有一位俄国老师甚至把一本革命诗集当作奖品颁发了出去。这一默默反抗的举动成了学校里的热门话题，学生们都用既好奇又钦佩的眼神注视着他。波兰人是可以和俄国人共处的。哦，没错！那所学校里的学生不就有俄国人、波兰人、德国人和犹太人吗？他们在一起不也都过得挺开心的吗？在学校里，她们没发现不同国别、不同种族之间有什么差别。可出了学校，大家就各自分开了，因为所有人都害怕有间谍。

尽管有种种不如意的地方，玛妮娅还是很热爱她的学校，她有点难为情地承认了这一点。“你知道吗？卡齐雅，”在一个假期里她写道，“我喜欢这所学校。你会笑话我吗？我喜欢它。我甚至非常喜欢它。我并没有盼着开学。没有！但一想到新学期以及还要在这儿再上两年学，我也并不觉得难过。”

但就在那天，当迈耶小姐把女孩们从院子里叫进教室的时候，玛妮娅心里压根儿就没想着学校的事儿。在那个阳光明媚的早晨，她还沉浸在对音乐、舞蹈和玩笑的憧憬之中。可突然间，世界就变了样。当那些模模糊糊、没怎么听进去的课业内容在她耳边飘荡时，她眼前浮现的只有那个她所熟悉的朝气蓬勃的小伙子……还有一个冰冷的、如画面般的黎明，以及一座绞刑架。那天晚上，斯克洛多夫斯卡家压根儿就没人再去想跳舞的事儿了。玛妮娅、布洛妮娅、海拉、卡齐雅以及她的妹妹乌拉，都去陪库妮茨卡坐了一整晚，在漫漫长夜里守着，心里想着那个即将死去的小伙子。这种守夜是天主教的一种习俗，就是不睡觉，静静地思考。这五个孩子就这么和库妮茨卡坐在一起。我们这些生活得比较幸福的人，根本无法想象她们当时在想些什么，又有着怎样的感受。当我们所爱的人自然离世时，情况是如此不同，就连孩子们也能理解那种离世。但这次却不一样——就这么坐着等待，时间一分一秒地过去，人类极其残忍的时刻越来越近，即将用不公玷污黎明——这确实太可怕了。她们想必是默默地守着，因为无话可说，无事可做，只有无尽的思考，六个年轻叛逆者的心中满是反抗的念头。她们不时地为库妮茨卡做些力所能及的事情，自己的心也因同情而破碎。她们试着让她喝点儿热的东西，轻柔地用手臂环抱着她，或者试着为她擦干眼泪。然后，突然间，她们意识到新出现的光亮已不再是烛光。天空中出现了一道红线。红色的黎明已然来临。这六个孩子惊恐万分，用手捂住脸，双膝跪地，为那个已然逝去的年轻叛逆者祈祷。

第四章
一整年的假期

玛妮娅十六岁了。金牌授奖日也到了，玛妮娅获得的金牌是家里的第三块。当时是 6 月，天气酷热难耐。玛妮娅和所有获奖的同学一样，身上穿着黑色衣服，腰带上别着一束茶玫瑰。人群簇拥着她，纷纷向她表示祝贺，同她握手。一切结束后，她挽着她那自豪的父亲的手臂，永远地离开了这所高中。

父亲答应给她放一整年的假。这可真是一份厚礼啊，一整年的假期！玛妮娅都不知道自己为什么能有这样的待遇，但她父亲觉得，既然她一直都那么刻苦地学习，而且完成学业所用的时间也比其他女孩要短，那么她以这种令人愉快的方式等着同龄人赶上来，也是很公平的。于是，勤奋的玛妮娅一下子变成了个懒骨头，尽情享受起这一整年假期的乐趣来。

“我亲爱的小淘气鬼，”她在给卡齐雅的信中写道，“我都不相信代数和几何的存在了。反正我已经把它们忘得一干二净。我连刺绣都不做了。我什么都不做。我早上十点起床，有时候六点就起了——说出来不怕你笑话——我什么书都不读，只读些故事书。我是蠢人中最蠢的那个，还会一个人对着自己的蠢样儿哈哈大笑。我们一群人在树林里闲逛，或者打板羽球[①]，我玩这个可笨了，要不就玩‘躲猫猫’‘跟我来’这类游戏，都是些很幼稚的玩法。野草莓到处都是，花一个便士就能买到足够吃一顿的量——满满一大汤盘，堆得高高的，都快溢出来了。唉！唉！它们都快没了，而我的胃口却大得没边儿，我都被自己的贪吃吓到了。我们荡秋千……我们高高地荡向天空。我们去游泳，还借着火把的光亮捉小虾米。顺便说一下，我们遇到过一位演员。他给我们唱歌、朗诵，还为我们采了好多醋栗。作为回报，我们给他编了一个由野罂粟、白色石竹花和蓝色矢车菊组成的花环，在他动身去华沙时扔给了他。据说他戴上了那个花环，然后当火车进站时，他把花环装进了行李箱，一路带着它去了城里。”

玛妮娅要在乡下度过这一年的时光。她热爱这里的每一个地方。她要看着四季更替，在波兰这片土地上不断发现新的美景。她的舅舅泽维尔住在兹沃拉平原上。在那里，她极目远眺，望向那遥不可及、如梦似幻的地平线，望向那片绿色的土地上交织着的褐色的犁耕痕迹。她舅舅的马厩里养了许多马，她就是在那儿学会骑马的。她并不在乎自己穿什么。她向表哥借了条裤子。不过，那条裤子对她来说太大了。她把裤脚卷起来，用腰带系出褶子，就准备妥当了。她左手握住缰绳，抓着大马的鬃毛，左脚踩进马镫，右手搭在马鞍上，就像舅舅和表哥们那样，伫立在那儿，准备开启她的第一次骑马冒险。可马背好高呀！不管她怎么往上跳，也不管那匹老实的老马站得有多稳，她似乎永远也够不着马背。

“勇于尝试很不错！”她舅舅说，“爬上去！”不过她的表哥们可没让她毫无头绪地瞎试。他们教她在起跳前如何背对着马头站好，

① 一种类似羽毛球的运动。

如何借助一个合适的土堆助力，最后，还教她怎样恰到好处地发力起跳，以便能稳稳地坐到那匹最高大的马的马鞍上。骑着马在广袤的田野上进行长途探险成了她的一大乐事。很快，她就能在马小跑时在马鞍上起身，或是在马飞奔时稳稳地坐在马鞍上了。她探访了新的村庄，结识了陌生的乡下人，对波兰平原也有了越来越多的了解。

但还有一件更大的乐事在等着她：她去另一位舅舅家小住了一段时间，这位舅舅的名字对于讲英语的人来说很难发音，兹齐斯瓦夫舅舅，他住在喀尔巴阡山脉一带。在那里，她第一次见到了白雪皑皑的山峰，那耀眼的白色令人目眩，还有黑森森的松林，宛如墨河，把雪映衬得越发洁白……她渴望能更靠近些，想穿过树林，或许一直走到雪线边缘。她沿着蜿蜒的山间小径长途跋涉，这些小径有时会出人意料地在一处悬崖边戛然而止，所以她不得不原路返回。有时小路的尽头会出现一间小木屋，玛妮娅和她的表亲们就会走进去，请求看看主人的作品。因为那个地区的所有山民都是木雕艺人，他们家中哪怕最简单的一件家具也是一件艺术品。山民们很乐意展示他们制作的东西，当孩子们欣赏完椅子、桌子、布谷鸟钟以及靠墙摆放的彩色木碗后，他们就会翻遍橱柜，拿出雕刻好的小玩偶、酒杯、玩具，甚至还有木雕的画。

有一次，在四处漫步时，玛妮娅来到了一处山间小湖。那一小片湖水位于山间，蓝得如同成片的婆婆纳花①，人们称它为“海之眼”。它坐落在雪峰之间，如此美丽，玛妮娅觉得它是整个这片地区的瑰宝。

在室内，生活热闹非凡，充满欢乐。她舅舅喜欢热闹。他那美丽

① 一种蓝色小花。

的妻子也是如此，至于他的三个女儿，整天都欢声笑语的，玛妮娅也和她们一起笑个不停。客人络绎不绝地到来。舅舅和舅妈很可能刚出去打过猎，有很多猎物可以招待他们。要是没有猎物，那就只好杀一只院子里到处乱跑的农家鸡了，院子里可有好几百只呢。然后姑娘们就飞奔到厨房，匆忙烤制蛋糕。宴会所需的一切都准备好了。至于衣服，她们会匆匆翻遍橱柜，然后缝出色彩鲜艳、样式奇特的服装来玩猜字谜游戏，要是在冬天，就用来参加"库利格"——一种冬季的庆祝活动。

玛妮娅的第一次"库利格"活动是一次令她难忘的经历。夜色漆黑，但有北方那奇异的雪光照明。玛妮娅和她的三个表姐妹，裹着厚厚的毛毯，戴着面具，装扮成克拉科夫的农民，分别坐上两辆雪橇。为她们开道的是些穿着乡村服装的男孩，他们举着奇形怪状的火把照亮黑暗。穿过黑暗的森林时，她们瞥见有其他火把正朝这边靠近。寒冷的夜晚顿时充满了音乐声，因为乐师们赶来了，还带着四个小个子犹太人，这四个人要在整整两夜两天的时间里，用小提琴拉出扣人心弦的曲调。他们会演奏华尔兹和玛祖卡舞曲，所有人都会跟着副歌一起唱，让夜晚既悦耳又喧闹。

随着犹太人的演奏，其他雪橇也从黑暗中加入了他们的行列，三辆、五辆、十辆雪橇。尽管道路有着令人胆战心惊的弯道和光滑如镜的斜坡，但那些小个子乐师们在寒星下引领着这支奇妙的队伍前行时，却从未弹错一个音符。

在第一座孤零零的农舍前，雪橇伴着叮当的铃铛声和马具的响声停了下来，所有人都欢欢喜喜、欢呼雀跃，还会大声地敲门，把屋里假装睡着的人都给"吵醒"。不一会儿，乐师们就被抬到了一张桌子上，舞会就这样在一个用火把照明的房间里开始了。

不一会儿，晚餐送了上来，接着，一个信号发出后，突然间整座房子都空了——酒桶没了，住户没了，马匹没了，雪橇没了，所有东西都没了。一支规模更大的队伍，带着新农户家的所有雪橇，正穿过森林前往另一个农场。

一辆套着年轻小马的雪橇试图超过另一辆，结果偏离了常走的道路，没能再回到正道上，反而在雪堆里翻了车。队伍停了下来，火把在风中摇曳，人们聚成一个半圆形，热心的人们帮着把雪橇里的人身上的雪拂去，并把雪橇扶正。然后，铃铛再次在夜空中奏响那狂乱而清脆的乐章。可那些乐师们去哪儿了呢？没人知道。领头的雪橇越跑越快，希望能追上他们。但很快就明显看出他们不在这条路上，他们没继续往前走！队伍停了下来，有人想起了路上有个岔口。没办法，只能回去沿着另一条路去找那些小个子犹太人。每个人都很担心。要是找不到乐师，在其他农场的舞会可怎么进行下去呢？但没过多久，就有人在铃铛声之外听到了小提琴欢快的演奏声。于是队伍又完整了，而且，随着他们在一个又一个农场停下并跳舞，队伍还越来越长了。

太阳升起……太阳落下……太阳又升起。小提琴手们几乎没什么时间吃饭或睡觉。到了第二天夜里，这支庞大的雪橇队伍终于在马匹的鼻息声和叮当响的铃铛声中，停在了最大的一处农庄前，准备举办一场真正的舞会。

小提琴手们演奏得更响亮了。宾客们各就各位，准备跳起著名的集体舞。领舞的男孩英俊潇洒，风度翩翩，身着绣有精美图案的白色服装，上前邀请全场最出色的舞者共舞。这位舞者正是玛妮娅·斯克洛多夫斯卡。她穿着一身山区少女的服装，配有天鹅绒短上衣、膨起的亚麻布袖子，头戴一顶饰有长长的、色彩鲜艳飘带的星形王冠。

他们跳了一整晚的舞。早上八点的时候还在跳玛祖卡舞。玛妮娅说她这辈子从来没有这么尽兴过，她的舅妈说如果她这么喜欢“库利格”活动，那等她结婚的时候应该办一场来庆祝。

但假期的欢乐还没有结束。斯克洛多夫斯卡夫人过去的一个学生，如今已成了弗勒里伯爵夫人，邀请海拉和玛妮娅去她那儿小住几天。那座房子坐落在两条河流交汇处的一块舌状土地上。玛妮娅从自己房间望出去，能看到两条河流交汇的美景，在那儿她还学会了划船。“我们想干什么就干什么，”她写信回家说道，“我们整夜睡觉，有时候白天也睡。我们跳舞。我们都玩疯了。事实上，只有疯人院才适合我们！”

她们在睡觉、跳舞之余，还会去骑马、采蘑菇以及搞恶作剧。有一次，玛妮娅让伯爵夫人的弟弟进城去办件事。毫无戒心的年轻人就去了。城镇很远。当他摸黑回到家，走进自己的房间时，却发现屋里的年轻人把他的床、桌子、椅子、行李箱、衣服全都吊到了屋顶的房梁上。他的这些物件全都悬在了半空中，他在屋里走动时，它们还会时不时地打到他脸上。

还有一天，伯爵为贵宾们准备了午餐，可孩子们没被邀请。于是他们在午餐开席前就把整桌午餐吃光了，还在空桌子旁边放了一个稻草人。这个稻草人被扮成一个心满意足、吃得饱饱的伯爵模样！肇事者呢？他们在哪儿？早就消失得无影无踪了！

在伯爵和伯爵夫人结婚纪念日那天，这群快乐的伙伴派了其中两人给他们送去一顶用蔬菜做成的巨大王冠。这个王冠重达一百磅[①]。当这对幸福的夫妇坐在装饰华丽的宝座上时，王冠被呈送给了他们。然

① 磅，非法定计量单位。1 磅约为 0.45 千克。

后，最年轻的一位成员朗诵了一首玛妮娅为此专门写的诗，诗的结尾是这样的：

路易圣日在眼前，
野餐权当贺礼献！
个个女孩邀一男，
以君为例共欢颜。
且盼速步圣坛前，
现今赐福于吾愿！

伯爵和伯爵夫人尽力举办了一场舞会来代替野餐。那天晚上，玛妮娅和海拉都想让自己格外迷人。但她们家境贫寒，参加舞会的礼服也都旧了。她们数了数钱，把礼服翻来覆去地看，扯下了已经褪色的薄纱，发现衬里还挺好。于是她们决定，用一点蓝色的塔拉丹薄纱来代替原来的薄纱就行，这儿系条丝带，那儿系条丝带，就能做出新裙子来。虽然钱不多，但有一双巧手就能创造出奇迹。再配上鲜花，剩下的钱还够买两双新鞋。等买好了东西，做完针线活，再从花园里采来鲜花装点一番后，镜子里的她们仿佛在说："没问题了。"

那天玛妮娅尽情地跳舞，把新鞋都跳坏了。到了早晨，干脆就把鞋子扔掉来庆祝这欢乐的时光。

第五章
人们

玛妮娅回到了华沙。她那双灰色的大眼睛带着笑意望向一个已然改变的世界。她坚毅的上唇常常因欢快的笑容而微微颤动，但她的脸庞也常常神情严肃。和世上大多数爸爸一样，斯克洛多夫斯卡先生需要让孩子们知道他们得自己去挣钱谋生了。他已经不再招收学生，一家人又住进了自家的一所小房子里。在父亲还有收入的时候，支付房租、请帮佣做家务就已经很艰难了，而且他们还得为将来爸爸只能靠教师那微薄的退休金生活的日子做打算。这让他忧心忡忡。和世上大多数爸爸一样，他原本希望能挣足够多的钱来供养家人。晚上坐在灯下时，他会深深地叹气。四双介于长春花蓝色和灰色之间的快乐的眼睛会抬起头望着他，猜测他的心思。他的四个孩子会一起抗议道：“别担心，爸爸，我们不都年轻力壮，能自己挣钱吗？”斯克洛多夫斯卡先生看到他们的急切劲儿微笑起来时，心里肯定在想，他们在人生道路上是否能取得成功，而不要像自己这样。他一直努力工作，也很有天赋，然而从生活中获得的金钱回报却少得可怜。他的孩子们会像他一样吗？这位秃头、矮小、肥胖的小个子男人坐在灯下，穿着他那件深色的、精心刷过但却破旧的外套。他身上的一切都是那么精准、整洁：他的笔迹、他的思想、他的表情，甚至他的行为。他也是以同样精致、细致的关怀抚养大自己的孩子们。当他带孩子们出去远足时，会事先拟定好行程，向他们指出沿途风景的美丽之处，或许他意识到了很少有人知道的一点，那就是大多数人会错过欣赏美景，因为没人提及。如果他们来到一座古老或著名的建筑前，他会给孩子们讲述其历史。在玛妮娅眼中，她的爸爸是完美无缺的。她从没想过要嘲笑他那些讲究的小习惯。她把他当作知识的源泉。而且，他确实懂得很多东西。他会用自己辛苦挣来的积蓄购买学术小册子，以此跟上物理和化学领域的新发现。他精通希腊语、拉丁语和五种现代语言，却从不觉得自己有多聪明。他会写诗，每个星期六晚上都会给孩子们朗读优美的诗文，这样一来，孩子们渐渐熟知了伟大的文学作品。当他想给孩子们读一些外文书籍，比如《大卫·科波菲尔》时，尽管手里拿的是英文版，他也会用波兰语读给他们听。

“家里没什么新鲜事儿，”玛妮娅给一位朋友写信说道，“那些植物都挺好的，谢谢！杜鹃花正在开花，猎犬兰塞特正在地毯上睡觉呢！我把我的裙子拿去染了色，女佣古西雅正在改它。她刚改好布洛妮娅的裙子，改得很成功。我时间不多，钱就更少了。有位经人推荐来我们这儿上课的女士来了，可当布洛妮娅告诉她上课每小时要收一先令时，她跑得比房子着了火还快。”

然而，不管报酬是高还是低，玛妮娅都必须去教书。在那个年代，女孩子可没什么别的出路。但她没想过：“我能招到多少学生？我能挣多少钱？”那可不是玛妮娅的风格！她有自己的梦想——不是女孩子那种结婚的梦想，也不是男孩子开火车头的那种梦想。她的梦想是关于波兰的。她，玛妮娅·斯克洛多夫斯卡，必须帮助波兰。凭借着十六岁的年纪以及爸爸、学校和书本灌输给她的知识，她能怎么做呢？玛妮娅知道，还有其他人也在为波兰的未来梦想着，他们谋划着向沙皇投掷炸弹，也有人梦想着上帝会回应他们为波兰所做的祈祷。但是，尽管玛妮娅曾把自己的通行证借给过一位革命者，可她却没有前面说的那些梦想。她相信最实际的梦想才是最好的：做好眼前的事——去教那些俄国政府极力想让其保持愚昧无知的波兰人，不停地教，一直教到华沙成为一个伟大的思想文化中心，一直教到波兰能凭借卓越成为引领欧洲的国家。

新思想正在英国和法国传播开来。玛妮娅有个比她大十岁的朋友，听闻了这些新思想后，便发起并成立了一个名为“展翅大学”的秘密社团来研究它们。玛妮娅、布洛妮娅和海拉都加入了这个社团。这群小伙伴在彼此的家中相聚学习，所学的并非什么稀奇古怪或荒诞不经的内容，而仅仅是解剖学、生物学和自然史。然而，只要听到敲门声，或是护壁板里有老鼠的动静，每个人都会惊跳起来，浑身发抖。要是警察抓住了他们，所有人都得坐牢。社团成员既要学习，也要授课。玛妮娅收集了一小批书籍准备借给穷人，但她得先教他们识字、阅读，这些书对他们才会有用。

有时，一家波兰商店会很乐意让店里的女工们下班后聚在一起，与玛妮娅碰面。她们坐在那儿翻阅书籍，冥思苦想，为的是成为更有价值的波兰公民。没人担心会有哪个女孩泄露这个秘密。愉快、矜持的小玛妮娅，在那些年纪稍长、较为粗犷的女孩当中，绝不允许出现一句粗俗的话或有人抽一根烟。她觉得自己的卷发太引人注目了，就把它们剪掉了，却没意识到这样做反倒让自己看起来更孩子气了。她忙得不可开交，什么都尝试着去做：讲学、开会、绘画、写诗和阅读好几个国家的文学作品——最重要的是，追随伟大作家们深邃的思想。

但最让她操心的是她要拿布洛妮娅怎么办。布洛妮娅渐渐长大了，至少玛妮娅是这么认为的，要是她不操心，就没人会关心布洛妮娅的前程了。无论天气好坏，一个又一个早晨，她都去给人上付费的课。那些有钱人让她在透风的走廊里等着，对他们来说，她不过就是个穷教书的。“非常抱歉，斯克洛多夫斯卡小姐，我家小姑娘今天早上迟到了。您当然还是能给她上完整堂课的，对吧？”但到了月底，他们就把该付给她的工钱忘掉了。“非常抱歉，我丈夫会把这两个月的工钱一起付给您的。”但玛妮娅当时就等着这笔钱用呢。她一直盼着能用这笔钱买几件必需品。

布洛妮娅看上去脸色苍白，神情沮丧。玛妮娅得先把自己的雄心壮志、去大学满足自己对知识的强烈渴望这些想法都放到一边。她必须先把布洛妮娅的事情安排妥当。

“布洛妮娅，我已经把一切都想好了，”有一天她说道，“而且我也和爸爸谈过了。我觉得我已经找到办法了。”

“找到什么办法了？”

玛妮娅必须得非常小心谨慎、机智圆滑地回答她。“布洛妮娅，靠你自己攒下的钱，你能在巴黎生活多久呢？”

“我能付得起路费和一年的生活费，但学医需要五年时间。”布洛妮娅立马回答道。

“是啊，而且每小时一先令的授课收入也攒不了多少钱。”

“所以呢？”

“嗯，如果我们各自为自己打拼，谁都不会成功的。但要是按照我的计划，今年秋天你就能坐上前往巴黎的火车了。”

“玛妮娅！你疯了！”

“我没疯。一开始你可以花自己攒的钱，之后我会给你寄一些钱去，爸爸也会的。同时，我也能为自己攒钱。等你成了医生，就轮到我去了，到时候你就能帮我了。”

布洛妮娅的眼里噙满了泪水，因为她明白这个提议对玛妮娅来说意味着什么，而且她觉得这账算得有点奇怪。“你要怎么养活自己，同时又能帮我，还能攒下钱呢？”她问道。

“哈！这就是我想到的办法。我打算去找一个住家教师的工作，到时候由别人供我吃住，我就没机会花钱了！这主意不错吧？”

“不错什么呀，”布洛妮娅说，“我不明白为什么得我先去。你更聪明。要去也是你先去，你肯定能很快取得成功，然后我再去也不晚。”

“为什么呀？哦，傻布洛妮娅，亲爱的！你都二十岁了，而我才十七岁呀。你已经等了好久好久了。我还有时间呢。年龄大的理应先去呀。等你开业开始给病人看病了，就可以大把大把地给我钱了！而且我已经铁了心要这么做，就这样定了！”

于是，在 9 月，就在她十八岁生日前的一个月左右，玛妮娅来到了家庭女教师中介所的等候室，她的穿着是她所认为的一个家庭女教师该有的打扮。她重新长出来的头发在那顶褪了色的帽子下梳理得整整齐齐；她的裙子朴素又简约；她身上的一切都显得平凡而低调。

她紧张地走向办公桌旁的那位女士，紧紧地握着自己的证书和推荐信。那位女士非常仔细地看了看推荐信，然后突然看向玛妮娅，甚至直勾勾地盯着她。“你真的是像你说的那样对德语、俄语、法语、波兰语和英语都精通吗？”她问道。

“是的，”玛妮娅说，“虽然我的英语不像其他几种语言那么好，但我仍能把它教到考试标准的水平。我在高中还得过金牌呢。”

“哦！那你想要多少薪水呢？”

“一年四十英镑，包食宿。”

“要是有合适的职位，我会通知你的。”带着这句不太让人鼓舞的承诺，玛妮娅离开了中介所。

没过多久，玛妮娅就当上了一名家庭女教师。这家人的姓氏不便公开，因为他们可不想记起命运跟他们开的那个玩笑。他们为年仅十八岁的玛妮娅·斯克洛多夫斯卡打开了一扇小门，据玛妮娅自己讲，透过这扇门，她瞥见了地狱的一角，便不愿再踏入其中。命运安排玛妮娅成为一个伟大的施予者，而不是一个不幸的、遭人鄙视的小奴隶。这户B姓人家很富有，他们要求女教师安分守己。他们跟她说话时就像冰山发出嘎吱嘎吱的声响来表达想法那样冰冷（如果冰山能表达想法的话）。他们在公开场合大肆挥霍财富，却拖欠了玛妮娅六个月的薪水，还指望她为了节省灯油晚上不读书。他们在人前说话时甜言蜜语，可背后却恶语中伤，玛妮娅说他们把朋友们说得一无是处，连遮羞的布都不给人家留一块。

“我从他们身上学到了，”她写道，“书中的人物是真实的，而且明智的做法是不要和那些被财富宠坏的人混在一起。”也许正是十八岁时获得的这样的认识，使得玛妮娅·斯克洛多夫斯卡在遥远的将来面对任何巨额财富的诱惑时都能坚守自我，不被腐蚀！

但是玛妮娅的计划没有奏效。她住在城里的B家，发现自己每天都要花一些钱。能偶尔见到父亲，还能和“展翅大学”的朋友们保持联系，这固然很惬意，可是一旦你下定决心制订了一个计划，就必须不惜一切代价去执行它。玛妮娅意识到她必须完全离开家，必须在偏远的乡下找份工作，在那里她就可以不花一分钱了。这样一来，已经在巴黎的布洛妮娅就能得到她为其谋划好的一切了。

她一直在找的那份工作机会出现了。工作地点在很偏远的乡下，而且薪水还稍高一些——这次是一年五十英镑。当然，在那个时候，五十英镑可比现在经花多了。不过，当玛妮娅把自己的新地址拿给父亲看时，心里还是沉甸甸的，尽管对她父亲来说，那个地址可能看上去不像在我们眼中那么偏远怪异。

玛妮娅·斯克洛多夫斯卡小姐：

由Z先生转交——

斯茨祖基，

普扎斯内什附近。

玛妮娅动身前往乡下的时候是1月份。在波兰，那里的积雪常常会连续几个月都很厚。当火车缓缓驶出车站时，她意识到自己再也看不到爸爸向她挥手了。这是她有生以来第一次完全孤身一人，因此不由得满心恐惧。一旦到了那里就没法轻易离开，那些在遥远村庄里的陌生人，他们可能会像她上一任雇主那样刻薄。又或者，她那日渐衰老的父亲可能会生病。她是不是不该离开他呢？一片片长长的雪地在渐渐浓重的暮色中缓缓掠过，但玛妮娅的泪水早已模糊了这一切。

坐了三个小时的火车后，一辆雪橇来接她。温暖的毛皮毯子裹在了她身上，雪橇便带着她冲进了冬夜那白雪皑皑的壮丽景色之中。雪橇在一片寂静中疾驰而过，唯有雪橇铃铛的响声打破这份静谧。

在雪橇上又过了四个小时。玛妮娅又冷又饿，心里琢磨着马儿是不是永远都不会停下来。接着，一片光亮豁然出现在眼前，一扇门敞开着，一大家子人都出来迎接她——身材高大的男主人、温柔的女主人，还有紧紧拽着妈妈裙摆的害羞的孩子们，他们的眼睛里满是好奇。女主人热情友好地跟她打招呼，给她端来滚烫的茶，还亲自带她去房间，然后让她留在屋里独自暖和暖和，也把那几只破旧的箱子打开收拾一下。

玛妮娅身处偏远的乡下。她满意地环顾着自己那间刷得雪白、陈设简单的屋子，壁龛里还有个暖和的炉子。

第二天早晨，她拉开窗帘，本以为会看到白雪皑皑的田野和被雪压弯了的树林。然而，映入眼帘的却是工厂里正喷吐着黑烟的烟囱。她往后退了退，又看了一眼——不是一根烟囱，而是好多根，而且一棵树都看不见，一丛灌木也没有，甚至连一道树篱都找不到。她所在的地方是甜菜种植区。眼睛所能看到的，除了等待种植甜菜的耕地，再没有别的了。整个乡村都种满了甜菜。为了种甜菜，农民们犁地、播种、收割。那些工厂是甜菜精炼厂。这个村庄就是由依傍在工厂围墙下的甜菜工人的村舍组成的。她住的这座房子是甜菜厂厂长的。河水也因为甜菜而染上了颜色。

这些工厂让玛妮娅很失望。周围大宅子里的年轻男女们也让她失望。他们聊的全都是他说了什么，她说了什么，要穿什么衣服，下一场舞会是谁举办的，以及上一场舞会持续了多久之类的话题。下午一点，当Z夫妇参加完一场舞会回来时，玛妮娅震惊不已，她似乎都忘了自己也曾为跳舞跳到早上八点而欣喜若狂过。“给我一支漫画家的笔吧，”她大声说道，“因为这里面有些人真的太值得被画成漫画了。那些女孩们就像‘呆头鹅’，都不知道怎么开口说话，到目前为止，只有这户人家的大女儿布隆卡对生活有见识、有兴趣，可真是一颗稀有的珍珠啊。”除了布隆卡，在斯茨祖基还有另一个有意思的人，就是布隆卡三岁的小弟弟斯塔斯。他是那座长长的单层房子里的活力源泉。他啪嗒啪嗒的小脚步声会在各处响起，沿着长长的走廊，一直走到爬满了光秃秃的五叶地锦、显得有些破旧的玻璃阳台上。他的咿呀学语逗乐了玛妮娅。有一次，他的保姆告诉他上帝无处不在。“斯塔斯不喜欢这样，”他回答说，“我怕他会抓住我！他会咬我吗？”

安齐娅，十岁了，是玛妮娅需要特别关注的学生。因为她是个坐不住的小姑娘，只要有客人来访，她就会逃课。玛妮娅本该每天教她四个小时的课，可她老是跑开，被抓回来后又得从头开始，所以可以说，教学进展得并不快。而且，安齐娅还总是赖在床上不起来，直到玛妮娅拽着她的胳膊把她拉起来，这一过程尤其让玛妮娅恼火。有一天早晨，她花了两个小时才让自己的脾气平复下来。她一天中最美好的时光是和布隆卡一起读书的那三个小时，以及其他闲暇时刻，那时她会给家里写长长的信：“我打算复活节的时候回华沙，”她说，“一想到这个，我心里就特别高兴，高兴得我都差点要像个野人一样大喊大叫了。”

沿着泥泞的村间小路前行，她遇到了村里的孩子们，那些脏兮兮的小男孩和小女孩，他们明亮的眼睛在乱蓬蓬的、像麻絮一样的头发下望着她。“这些小孩儿不也是波兰人吗？”她暗自思忖，“我，曾经发誓要启迪民众的我，难道就不能为他们做点什么吗？”那些衣衫褴褛的小孩儿们要么从来没学过任何东西，要么就只认识俄文字母。玛妮娅觉得为他们开办一所秘密的波兰学校会是件挺有意思的事。

布隆卡听到这个想法时非常高兴。“别着急，”玛妮娅说，“你要知道，如果我们被抓住了，那可就要被流放到西伯利亚去了。”她们俩都很清楚西伯利亚意味着什么——被流放到一片有着冰冻平原的可怕之地。但布隆卡已经准备好去冒这个险了。于是在征得了 Z 先生的许可后，班级就开课了。

幸运的是，通往玛妮娅房间有一段室外楼梯。十个或者十八个脏兮兮的小男孩和小女孩开始噔噔噔地顺着楼梯往上走。玛妮娅借来了一张大木桌和几条长凳，还从自己宝贵的积蓄里拿出一部分用来给学生们买练习本和钢笔。然后，有趣的事儿就开始了。他们笨手笨脚地握住那些不太习惯使用的文具，在白纸上歪歪扭扭地写着字母。慢慢地，这些小淘气们开始明白一个神奇的事实：自己可以把听到的声音用黑色的笔写在白纸上。那些自己都不识字的自豪的家长们，顺着木楼梯走上来，站在教室后面，又惊又喜地看着自己的儿子或女儿正在做的这件了不起的事儿。孩子们写起来可不容易。他们扭来扭去，抽着鼻子，哼哼唧唧，好像写一个字母就像扛着甜菜爬山一样艰难。玛妮娅和布隆卡穿梭在他们中间，在他们艰难尝试的时候给予帮助。他们身上有股味儿，还常常走神儿，也不是特别聪明，但大多数时候，他们那明亮的眼睛表明他们对上课感到兴奋，而且渴望学习。

第六章 不幸中的万幸

别人的假期是随着夏天一同到来的，但家庭女教师一年中大部分的时间都得坚守岗位。当男孩子们放假回家，而且无论冬夏都得把小女孩们从床上叫起来的时候，她就更忙了。玛妮娅觉得很无聊。日子过得平淡无奇，什么新鲜事儿都没有。明天和昨天就如同双胞胎姐妹，几乎一模一样——从八点工作到十一点半，再从两点工作到七点半，十一点半到两点之间是散步和吃午饭的时间。到了晚上，要是安齐娅表现好，玛妮娅就给她大声朗读；要是她表现不好，就得做针线活并和她聊聊天。终于，到了九点，玛妮娅就自由了，可以看自己想看的书，学习自己喜欢的东西了。但即便在这时，她也有可能随时被打断，因为做家庭女教师还有很多杂七杂八的事儿呢。例如，安齐娅的教父需要有人和他下象棋，而家庭女教师来陪他下就挺合适的；或者打惠斯特牌三缺一的时候，也不管家庭女教师喜不喜欢打，反正叫她来凑个数就行。

随着获取知识的机会越来越渺茫，玛妮娅对知识的渴望愈发强烈。她的书都过时了，而且身边也没人能和她探讨学习中遇到的难题。她完全不知道自己接下来该怎么办。她满心羡慕地想着世界各地成千上万涌入大学的女孩们，她们能结识同年龄段的精英才俊，能接受教导，还能在实验室里做研究。维也纳、柏林、伦敦、圣彼得堡，尤其是巴黎，在她眼里仿佛就是一个个圣地！不，维也纳、柏林和圣彼得堡可不算，因为它们都是压迫波兰的列强的首都。但是伦敦和巴黎啊！她满心渴望能去巴黎，自由、包容的巴黎，它从不压迫任何人，反而欢迎流亡者，邀请所有渴望思考、渴望求知的人前往。绝望渐渐笼罩了玛妮娅。一个人自学实在太难了。她攒钱的速度慢得让人难以忍受，而且布洛妮娅还需要很多年的资助呢。等父亲真的上了年纪，也会需要她来照顾的。玛妮娅到底能不能有机会上大学呢?

她出落得愈发美丽动人了。她那宽阔而高耸的额头，因那头迷人的、光亮的秀发而少了几分冷峻；她那双灰色的眼睛，在轮廓分明的眉毛下深陷着，显得很大，目光欢快又敏锐；她那任性的嘴角带着一丝若有若无的笑意，让人不禁多看几眼、反复思量；她的肌肤如熟透的蜜桃般娇嫩；她身姿优雅，手腕和脚踝纤细柔美；最妙的是，她那若有所思的神态给她增添了一抹神秘的气质，总能让旁人想要进一步了解这个女孩。

卡西米尔是这户人家的长子，放假回家时，发现玛妮娅在这儿，他心里挺高兴的。他碰见玛妮娅正在那座美丽的花园里修剪枯萎的玫瑰花。他之前从妹妹的信里听说过玛妮娅，但当时并没当回事儿，毕竟他自认为对家庭女教师这一整个沉闷无趣的群体了如指掌。

“可是……以波兰之剑起誓！”他暗自惊呼，“这位可不一样！”

“小姐，您今天上午给您那所简陋的学校放假了吗？”

“哦，没有！”玛妮娅说道，她的脸上一如既往地洋溢着兴致勃勃的神情。“他们要到五点钟才来，到时候他们不管手头在做什么其他的活儿，都应该做完了。”

所以，玛妮娅心想，这就是布隆卡崇拜的哥哥呀。这名身材高大、英俊帅气、风度翩翩的大学生和她说话时是那么友好，还对她的学生们表现出了如此浓厚的兴趣，而且还非要把她的那些学生称作是“简陋学校”里的孩子呢。

那天晚上，到了九点她没去看那些晦涩难懂的书。与一名大学生一起，就他正在学习的课程进行实实在在的交谈，能学到的东西可多多了。明天不再和昨天一个样了。夏天打破了日常的工作节奏。卡西米尔执意要去划船野餐，而玛妮娅划船的技术特别好。她骑马的样子好看极了，看她骑马简直是一种享受，马厩里也不缺马。大概有四十匹马可供挑选，他们三人精心挑选后，便骑着马在无边无际的平原上驰骋了一整天。还有驾车野餐的活动，卡西米尔注意到玛妮娅纤细的手指熟练地掌控着第二辆轻便马车的缰绳。卡西米尔扭伤了左手拇指，所以车夫得驾驶第一辆轻便马车，载着卡西米尔的母亲和其他的孩子们。

在卡西米尔此前所见过的无数像“呆头鹅”一样的女孩当中，没有一个能像这个奇特的女孩这样能聊且充满神秘感。当他秋天返回华沙时，便开始盼着圣诞节的到来了。

“小姐，应该一直都是冬天才好呢。”他说道。玛妮娅毫无戒心地反问：“不！为什么呀？”他笑了起来，说：“不是有人告诉我们要崇尚美吗？还有什么比一个脚踝纤细优美的女孩优雅地滑冰更美的事儿呢？而且还有舞会呀！你舞跳得那么好，难道你不喜欢舞会，不喜欢在冬日繁星下乘坐雪橇长途旅行吗？”

是的，玛妮娅又重新爱上了跳舞，但她还是更喜欢夏天——暑假的时候。

“假期？是我在家的时候的假期吗？”

卡西米尔早就猜到了她的回答。他说他会立刻去找他父亲谈这件事。一般来说，人们不会娶家庭女教师为妻，但玛妮娅不同——她是那么与众不同。他家的每个人都喜欢她：他父亲选她做散步的伙伴；他母亲把她介绍给所有的朋友；他妹妹对她崇拜得五体投地。他们还经常邀请她的父亲、哥哥和姐姐到家里做客。在她生日的时候，送她一堆礼物和鲜花。他们肯定是在满心欢喜地等着迎接她成为家里的新女儿呢。

但在这件事上，卡西米尔错了。当他告诉父母自己想娶玛妮娅时，他父亲勃然大怒，母亲差点晕过去。他们寄予厚望的长子，本可以娶到全国最富有、最高贵的女孩为妻，怎么能娶一个身无分文的家庭女教师呢？怎么能娶一个靠在别人家里干活挣钱谋生的女人呢！

"卡西米尔，你疯了！正常人是不会娶家庭女教师的！"

"不能娶家庭女教师！这真是一件大好事！"古老的地球一边嗡嗡沉吟，一边绕着太阳飞速旋转，寒暑交替，给我们带来了玛丽·居里，而不是玛妮娅·卡西米尔·Z夫人。

但玛妮娅无法预见未来，她非常不开心。这个家里的每个人对她都变得冷淡起来。然而她又不能辞去工作一走了之，因为她每年得给布洛妮娅寄二十英镑。她所能做的就是下定决心，永远、永远不再爱上任何男人。所有的明天又变得和所有的昨天一模一样了。她教课，训斥安齐娅，摇醒尤莱克（因为读任何一本书都能让他睡着），教她那所简陋学校里的学生，研读化学书籍，下国际象棋，跳舞，散步。只有一件事偶尔能带来一点刺激：道路标识不清，积雪一厚就完全看不见路了，雪橇和乘坐的人可能会被困在堆满雪的沟里。在这种时候，欢声笑语会让往日那种欢快友好的氛围多少恢复一些。

那段时间，她写给家里的信越来越长，但她常常连寄信的邮票都没有，或者没钱去买邮票。“我还没有收到布洛妮娅的信，”她抱怨道，“也许她也没有邮票吧。”因为自己的悲伤，她更能体会父亲、哥哥和海拉所遭遇的烦恼了。她在给父亲的信中写道：“不要为我们担心，您已经做到了一个父亲能为我们做的一切。毕竟，您不是已经赋予了我们相当不错的品格吗？您看吧，我们肯定能养活自己的。”在给哥哥的信中她又写道：“约瑟夫，去借一百卢布，你就留在华沙吧。别把自己埋没在乡下，如果我给你提建议，你也别生气。记得我们说好的，心里有什么就说什么。大家都认为在乡下行医就等于把自己埋在一个洞里，不会有什么前途。一个医生如果没有药店、医院或必要的医学书籍，不管他的决心有多大，最终都会一事无成。如果那样的事情发生在你身上，亲爱的，我会伤心欲绝的，因为现在我自己已经完全没了指望，我所有的抱负都寄托在你和布洛妮娅身上了。你可不能埋没了我们家族拥有的毋庸置疑的天赋。这些天赋总得在我们当中的某个人身上展现出来。我对自己越是绝望，对你们就越是抱有希望。”玛妮娅也对海拉深感同情，因为海拉被她的恋人抛弃了，她还对一般的年轻男子深感愤慨。“说真的，”她写道，“真是越来越看清这些人的真面目了！如果他们不想娶穷人家的女孩，那就让他们见鬼去吧。没人求着他们这么做，可为什么要和她们谈恋爱，然后又让她们心烦意乱呢？”

这是玛妮娅人生中的艰难时刻。她说自己担心会从学生身上沾染上愚钝，很多老师都有过这样的担忧。她那些远大的梦想似乎都变得很愚蠢了。“我现在唯一的梦想，”她写道，“就是能有属于自己的一方小天地，和父亲一起生活。为了能获得些许独立，拥有一个家，我愿意付出半辈子的时光。如果有可能离开Z家——但这似乎不太可能——我会在华沙的寄宿学校谋得一份差事，再通过私人授课多赚点钱。这就是我全部的期望了。人生不值得如此费心劳神。”的确，这是个艰难的时刻。但幸运的是，一本名为《涅曼河畔》[1]的小说让她意识到，那样的想法可不是真正的玛妮娅应该有的。“我的梦想都去哪儿了？”她写信给布洛妮娅，“我本想为民众而奋斗，可我甚至都没能教会十几个乡村孩子读书。至于唤起他们心中对自己以及他们在这个世界上可能有所作为的思考，更是想都别想。生活太艰难了。我变得如此狭隘，如此平庸。然后，突然读到一本这样的小说，让我深受触动，为此我满心痛苦。”与此同时，她写信给她的表妹说：“我的心情很糟糕，因为我们每天相伴的都是可怕的西风，还夹杂着雨水、洪水和泥巴。根本没有要下霜的迹象，我的冰鞋只能忧伤地挂在衣柜里。也许你不知道，在我们这个小地方，下霜以及它带来的好处，就如同加利西亚[2]保守党和自由党之间的辩论一样重要！别以为你讲的那些故事会让我厌烦。恰恰相反，听说地球上还有一些地方，那里的人们能自由活动，甚至还能思考，这真是一种实实在在的快乐！我对事物的感受很强烈，是那种身体上能感受到的强烈！然后我会振作起来，从噩梦中回到现实，告诫自己‘不要被人或事压垮’。但有时对新的体验、改变和行动的渴望会如此强烈地攫住我，让我想做一些极其愚蠢的事来结束这种永恒的千篇一律。幸好我有这么多工作，这种愚蠢的念头才不会常常占据我的心头。”

---

① 波兰现实主义女作家艾丽查·奥若什科娃的小说，生动而真实地描绘了 19 世纪波兰边境地区涅曼河畔的农村生活。

② 加利西亚是旧地区名，位于现在波兰东南部和乌克兰西部交界处。

第七章
改变

玛妮娅一直盼望着生活能有些变化，而她马上就要如愿以偿了。她要去旅行咯。她听说有个同学，家在华沙，可这会儿正在遥远的比利时度假呢，玛妮娅要去那儿和她会合。突然，玛妮娅心里犯起了嘀咕，自己是不是真想要这么大的改变呀。她得一个人踏上旅途，还要换乘五次火车。她觉得自己肯定会迷路，说不定晚上睡觉的时候，小偷还会溜进她的车厢呢。

不过呀，这些担心的事儿一件都没发生。新雇主不仅稳稳当当地接到了她，还把她带进了一个全新的世界。这个世界可富有了，大家都希望她能一起享受这里的一切。她学生的妈妈又漂亮又迷人。玛妮娅生平头一回近距离看到沃斯[①]做的漂亮裙子，还能摸摸、欣赏柔软的皮毛和闪闪发亮的珠宝呢。墙上挂着好多画像，画这些画的可都是了不起的画家，画里的人都是她即将结交的朋友，仿佛正从墙上看着她呢。玛妮娅身处各种财富能带来的美好事物中间，看着聚会和舞会的热闹场景，感受着欢乐的氛围和美妙的音乐。而且呀，这些有钱人

① 查尔斯·夫莱戴里克·沃斯（1825—1895），法国高级时装业的创始人，开创了服装表演和时装模特儿的先河。

都很友善，特别有人情味儿。F 夫人可喜欢她了，去哪儿都带着她，还跟朋友们介绍说："这就是优雅的斯克洛多夫斯卡小姐。"

我们还不知道玛妮娅对这一切作何感想，因为马上有一件更让人兴奋的事就要发生在她身上。门厅的桌子上放着一封信，信封上有巴黎的邮戳，收信人写着斯克洛多夫斯卡小姐，是布洛妮娅的笔迹。这封信是布洛妮娅在两堂课的间隙，匆匆忙忙用练习簿的方格纸写的。信里说了什么？布洛妮娅要结婚了！布洛妮娅邀请玛妮娅，等她一有了自己的家，就来巴黎和她一起住！巴黎！……还有大学！……她所有的希望都要实现了吗？

事情可没那么简单。玛妮娅早就知道布洛妮娅和巴黎最聪明、最英俊、最讨人喜欢的波兰学生订婚了。他的名字和玛妮娅曾经的恋人的名字一样，也叫卡西米尔，卡西米尔·德卢斯基。他因为被怀疑与一起阴谋事件有关，不得不逃离波兰。在巴黎，应沙皇警察的要求，他一直被监视着，巴黎宪兵队的档案里还记录着各种各样关于他的奇怪信息。尽管如此，他依然是个开朗的年轻医生，而且就要和布洛妮娅结婚了。但这样一来，布洛妮娅永远都没办法回华沙去照顾她父亲了。那照顾父亲的责任就落到了玛妮娅肩上了，因为海拉不太会照顾别人。

按照布洛妮娅的说法，未来看起来多么美好、多么精彩、多么理想啊！可玛妮娅回信说："我以前是个傻瓜，现在还是个傻瓜，这辈子恐怕永远都是个傻瓜。或者用更时髦点的话说：我从来就没交过好运！我现在没有好运！以后也不会有好运！"那些觉得自己运气不好的人，想想玛妮娅接下来的遭遇，或许就能振作起来。

她接着写道："我曾像渴望被救赎一样梦想着去巴黎，可去巴黎的希望早就破灭了。现在这个机会突然摆在我面前，我却不知所措。

我没法跟父亲提这事，因为我觉得他满心期待着明年我们能一起生活，我也想让他在晚年享点福。可另一方面，一想到自己的才华就这样被浪费，我的心都要碎了，毕竟才华就该被好好利用啊。”正是这种“才华应被善用”的想法，让她在同一封信里劝布洛妮娅别顾着面子，要用尽浑身解数，恳请一位有钱的朋友帮帮约瑟夫，让他能施展自己的才华。玛妮娅觉得，得到帮助的不只是约瑟夫，整个世界都会因他的才华而受益。终其一生，玛妮娅都坚信，最崇高的事之一，就是帮助那些极具天赋的人，让他们能为世界贡献自己的才华。

她在信的结尾写道：“我的心情糟透了，无比难过，我知道跟你说这些，会破坏你的好心情，是不对的。”

于是，玛妮娅回到家，至少有一年时间，和父亲一起住在他们自己的小家里。对有些人来说，这样的生活可能会显得枯燥乏味，但玛妮娅有自己的想法，她觉得和父亲在家里能听到比在其他任何地方都更有意义的谈话。她还重新加入了那个神秘的“展翅大学”秘密社团，在那里交流、学习。

然而，机缘巧合自有它的妙招。在 5 月漫步于克拉科夫那条静谧的、两旁种着树的大街，闻着从 66 号那杂草丛生的庭院散发出的紫丁香芬芳的人们，绝对想不到这里会有什么惊人或震撼世界的事儿。在庭院里，丁香花丛旁，有一座带小窗户的单层小楼。楼门上方写着几个大字“工农业博物馆”。这里面存放的是旧犁铧或者史前的铲子吗？完全不是！俄国允许博物馆存在，因为它们向来都是规规矩矩、毫无生气的地方。但任何有学问的人都能在博物馆里授课。玛妮娅的表哥就是这家博物馆的馆长，他偷偷地在这里教授科学知识。他有一间实验室，学生们在那儿能实实在在地接触到实验仪器。

玛妮娅·斯克洛多夫斯卡生平第一次走进了实验室！而这一举

动，日后将给这个世界带来非凡的改变。

她没办法经常去实验室，只能在晚上和周日去。到了那儿，也没人教她。她只能独自摸索，尝试重现课本里描述的实验。她得到的结果有时出人意料，偶尔取得一点小小的成功，就能让她充满希望；可要是遭遇明显的失败，又会让她绝望不已。但不管怎样，她都觉得探索，哪怕只是尝试去探索，都能给她带来一种激动人心的快乐。

深夜回到家，她一滚到床上，就好像有什么东西揪住了她似的，占据了她的脑海，在黑暗中对她低语。她睡不着。仿佛身体里有另一个自己在跟她说话，使劲敲打着她的思绪，催她必须起床去做点什么。她的工作"找到"了她，坚持要她投身其中。博物馆里的那些试管和曲颈瓶，就像她父亲以前的那些物理仪器一样，成了她的朋友和伙伴，而她曾经就很喜欢摆弄那些仪器。玛妮娅·斯克洛多夫斯卡发现了真正的自己——这个自己，那双灵巧的手注定要一直摆弄试管、火焰、各种元素和金属，与此同时，她聪慧的大脑则从双手的操作中得出实验结论，而且还能展望未来。

可她该怎么办呢？理智告诉她要走！而情感又让她留下来，陪在父亲、哥哥、姐姐，还有恋人卡西米尔·Z身边，卡西米尔还在努力争取父母同意他俩的婚事。假期里，玛妮娅和他见了面。他们一起在山间漫步，卡西米尔一直在跟她倾诉自己面临的困难，还向她征求意见。

"要是你自己都找不到解决办法，"玛妮娅终于失去了耐心，大声说道，"就别来问我。"至少她自己终于清楚自己的想法了。她急忙给布洛妮娅写信："给我个明确的答复。我不会给你添麻烦的。随便让我睡哪儿都行。但是，我求求你，坦诚地回复我。"

布洛妮娅坦率地回了信；要不是电报太贵，她就直接发电报回复了。要不是有太多事情要安排，玛妮娅恨不得立刻赶上下一班火车。她把自己所有的积蓄都摆在桌上，和父亲一起数了起来。父亲也尽自己所能添了一些钱。就这样，在他们眼前，那些圆圆的卢布堆了起来，有了这些钱，去巴黎才有了可能，也仅仅是有了可能而已。

玛妮娅可没那么多钱全程都坐三等车厢旅行。在波兰和法国，三等车厢是最便宜的，但在德国还有四等车厢。不过，如果你要说这四等车厢就像一连串的行李车厢，那也没关系。它们没有独立的隔间，车厢里空荡荡的，除了四周有一条长凳什么都没有，细心的人会自己带上小板凳，坐在中间。玛妮娅就打算这么做。为了到法国后不用再买东西，她得带很多行李，不过最占地方的行李她可以提前通过行李列车托运——比如她自己的床垫、毛毯、床单、餐巾。她唯一需要买的是一个便宜又结实的木制行李箱，她还自豪地在上面标上了“M. S.”（即 Manya Sklodovska 的首字母缩写）。她把结实耐穿的衣服、鞋子、两顶帽子都放进了箱子里。然后她把旅途中要带上车厢的包裹也打包好了：火车上三天的食物和饮料、小板凳、她的书，以及一条小毛毯。

玛妮娅动身前往巴黎了。她二十四岁了，双眼真真切切地闪耀着热切与喜悦的光芒。这场期盼已久的冒险之旅由此开启。

第八章
“我抓住太阳，然后把它扔出去……”

“我抓住太阳，然后把它扔出去……”玛妮娅听了这话，开心地笑了起来。她这是在哪儿呢？在巴黎的中心，在这里令人愉快的、自由自在的事情时有发生。在这里，她那了不起的老师保罗·阿佩尔可以随心所欲地、按照自己喜欢的方式讲授他所乐意讲授的内容，而且，只要他传授的是真理，就会有一大群人蜂拥而至听他的课。

玛妮娅早早地来到讲座现场，在索邦大学[①]宽敞的阶梯教室里选了一个前排座位。她把笔记本和笔杆整整齐齐地放在面前的课桌上。周围都是人们陆续就座而发出的嘈杂声，但玛妮娅充耳不闻，她正沉浸在思考中。突然，全场安静了下来，老师走了进来。他的学生们都是热情的数学爱好者，他们都期待着一场知识的盛宴。

阿佩尔长着一颗方形脑袋，身着深色庄重的长袍，讲解起来清晰明了，仿佛他一开口，天上的繁星就会乖乖地各就各位，地球也似乎掌控在他的手中。他大胆地探索着太空最遥远的区域，在数字与星辰

① 一所位于巴黎的著名研究型大学，现有文学、理学和医学三个主要院系。

之间自如穿梭。他极其自然地说着，还配合着相应的动作：“我抓住太阳，然后把它扔出去……”

玛妮娅开心极了。怎么会有人觉得科学枯燥乏味呢？她思考着，宇宙那些永恒不变的规律是多么精妙啊，而人类的大脑竟能理解这些规律，这更是奇妙无比。科学难道不比童话故事更奇妙，比冒险故事更引人入胜吗？她觉得，只要能听到一位学者说出“我抓住太阳，然后把它扔出去……”这样的话，哪怕为此历经多年困苦，一切也都值了。

但玛妮娅在巴黎发现的奇妙之处远不止这些！当她最初从火车上下来，置身于烟雾弥漫、嘈杂喧闹的北站时，她挺直脊背，深深地吸了一口气，完全没在意那烟雾。这是她生平第一次呼吸到自由国度的空气。出站后，一切在她眼中都宛如奇迹。街边排水沟旁的孩子们用自己想说的语言互相打趣，对于这个此前不得不说俄语的波兰女孩而言，这是多么神奇的事啊！书店里售卖着他们想卖的书，全世界的书应有尽有，这简直是奇迹！

但最神奇的是，她第一次跳上公共马车，费力地挤到顶层的便宜座位，而前方的那条路，正带着她，玛妮娅·斯克洛多夫斯卡，前往一所向女性敞开大门的大学！而且这是多么了不起的一所大学啊！索邦大学是世界上最有名的大学之一。就连德国人路德[①]都曾承认，巴黎拥有全世界最著名的学府。当时这所大学正在重建，到处都是工人，尘土飞扬，噪声不断。工人们一占用教室，学生就得换到别的地方上课。但这些对玛妮娅来说都无关紧要。她终于能学自己想学的东西了。

① 马丁·路德（1483—1546），是16世纪欧洲宗教改革运动发起人、基督教新教的创立者、德国宗教改革家。

从那时起，她开始用法语写自己的教名——玛丽。至于她的姓氏，她没办法改换。她那些年轻的同学们觉得这个姓太难发音了，就因为这个，有些人不大和她来往。在长长的走廊上，他们会回头瞥一眼这个衣着朴素、寒酸的陌生人——她有着轻盈如仙子的头发和热切的眼神。“她是谁呀？”一个人问道。“一个名字怪得让人念不出来的外国人，”另一个人回答，“他们说她物理成绩总是名列前茅，但她不爱说话。”

玛丽必须非常努力地学习。她压根儿没想到，和同学们相比，自己竟如此无知。她发现自己的法语并不像预期的那么好用，听讲座时常常整句话都听不懂。她还意识到自己在数学和物理方面存在着巨大的知识漏洞。于是，她开始努力弥补自己所有的不足。

起初那段日子，玛丽和布洛妮娅、卡西米尔住在一起，这对她来说是件好事。布洛妮娅很有本事，能把日子过得舒舒服服的。她在巴黎城外租了一套公寓，那儿房租比较便宜，还借钱把房子布置了一番。她可不是那种因为担心还不起钱就随便凑合过日子的人。她家里得有漂亮的东西，窗帘要挂得好看，家具要雅致，要有一架钢琴，花瓶里还得插着几束鲜艳的花。在她那小小的厨房里，她能做出味道绝美的菜肴和点心，或者用特意从波兰寄来的茶叶泡茶，因为她觉得有些东西是巴黎生产不出来的。

她所住的这个街区，就像中世纪时一样，几乎是屠夫们的专属地盘，而德卢斯基医生的病人大多是患病的屠夫。他们会在白天特定的几个小时里，到专门留给医生的小书房里找他看病。而其他时间，这里就是布洛妮娅的诊疗室，她会在这里给屠夫们怀孕的妻子看看宝宝的情况。到了晚上，工作就被严格地抛到一边，两位医生会想尽办法，拉着刚到的妹妹去体验各种好玩的事。要是有点闲钱，他们就会带她去剧院，买个便宜的座位看戏；要是没钱，他们就会围在自家钢琴旁，或者邀请流亡在外的波兰朋友们来办个茶会。这时，油灯下、摆着布洛妮娅自制蛋糕的茶桌旁，就会充满欢声笑语和打趣逗乐。但玛妮娅（玛丽）常常会早早地抽身离开，回自己房间独自学习，因为她觉得自己没时间玩乐。

“出来了，书虫小姐！”一天晚上，卡西米尔喊道，“这可是波兰在召唤你呢，这次你可一定得来。戴上帽子，穿上外套，快点！我搞到了几张音乐会的赠票。”

“可是……”

“别再跟我说‘可是’了！这场音乐会是我们之前聊过的那个年轻的波兰人演奏的，没多少人买票入座。我们得去把场子坐满。我找了些人一起去，到时候我们要拼命鼓掌，让他觉得演出很成功。你要是听过他演奏，就知道他弹得有多棒了！”

玛丽没法拒绝她那快活的姐夫，他有着一双乌黑闪亮的眼睛。她赶忙下楼，一边走一边穿好衣服，然后跑去赶那辆老旧的公共马车。她坐在半空的音乐厅里，看着那个身材高挑、身形消瘦的男人，他有着一张帅气的脸庞和一头蓬乱的铜红色头发，只见他走上舞台，打开钢琴。她聆听着……李斯特①、舒曼②、肖邦③，在他神奇的指尖下仿佛复活了。玛丽被深深地打动了。在她眼中，这个穿着破旧外套，对着音乐厅大半空长椅演奏的钢琴家，并非籍籍无名的新手，而是一位王者，几乎如同神明。

德卢斯基夫妇邀请他到家里做客。他去了，还带上了他那位美丽

① 李斯特（1811—1886），匈牙利钢琴演奏家、作曲家。
② 舒曼（1810—1856），德国作曲家、音乐评论家。
③ 肖邦（1810—1849），波兰作曲家、钢琴家。

的未婚妻，玛妮娅的母亲认识这个女孩。斯克洛多夫斯卡夫人（玛妮娅的妈妈）过去常说起她，说她长得太漂亮了，她都不敢带她出门。有时候，这位头发火红的年轻男子会走到德卢斯基家的钢琴前，他的手指一触碰琴键，普通的钢琴便会流淌出如天籁般美妙绝伦的音乐，让一切都变得超凡脱俗。因为弹奏的人是帕德雷夫斯基①，日后他将闻名世界，起初是作为钢琴家，后来还成了自由波兰的总理。但那些日子还远着呢。

1891 年，玛丽在巴黎生活，身边有一群波兰流亡者，他们就像在这座法国城市里建起了一个小小的“波兰岛”。他们都很年轻，他们都很快乐，他们却都没什么钱。每年过节的时候，他们就在一起聚会，想尽办法把一切都弄得很有波兰味儿。他们吃着波兰糕点，表演波兰戏剧，节目单也用波兰语印制，还配上波兰风格的图案装饰：广阔雪地上的一间小屋里，有一个埋头读书的梦幻少年，圣诞老人从烟囱里扔下科学课本，还有一个被老鼠咬过的空钱包。演戏剧的时候，玛丽太忙了，没时间去记台词扮演角色。但在一次舞台造型表演中，她参演了《挣脱枷锁的波兰》。她身着古人穿的那种长袍，身上披着波兰国旗颜色的长纱，金色的头发衬托着她那斯拉夫式的脸庞。所有年轻人都欢迎她，把她当作波兰的化身了。

然而，即便在自由的巴黎，表达对波兰的热爱也是一件危险的事。斯克洛多夫斯卡先生恳请玛妮娅不要再出现在可能会登上报纸的波兰节庆活动中了。“你知道的，”他写道，“巴黎有些人专门留意那些参与波兰活动的人的名字，这可能会给你带来麻烦，还会妨碍你以后在波兰找工作。还是远离人们的视线，这样更明智。”

---

① 帕德雷夫斯基（1860—1941），波兰钢琴家、作曲家和政治家。

玛丽其实不太需要父亲的这种提醒。她想把所有时间都投入到学习中，想独自生活，这样就不会被钢琴声、姐夫晚上的闲聊，还有时不时来串门儿的朋友打扰。而且，她想住得离大学更近一些，这样既能省下坐公交马车的钱，又能省下坐公交马车花费的时间。

带着些许伤感，在德卢斯基夫妇的陪同下，她离开了姐姐家的舒适环境与温馨氛围，动身去寻找属于自己的学习和工作之所，去追寻那份彻彻底底的独处时光。

她即将过上自己梦想中的生活，一种全身心投入学习的生活。可她每周只能靠一英镑或者更少的钱来维持生活。她得用这点钱来支付房租、食物、衣服、纸张、书籍以及大学学费。这能做到吗？这就像摆在她面前的一道数学难题，幸运的是，她擅长数学，不过要解决这道特别的难题可真得费些脑筋。“啊！”她想，“我可以吃得少点！”她从来没时间学做饭。朋友们都说她甚至都不知道汤里该放什么。她确实不知道，也没时间去了解。她做梦都不会想从钻研物理的时间里抽出空来准备一顿晚饭。所以，她就靠面包、黄油、樱桃和茶过日子，偶尔吃个鸡蛋或者一块巧克力。

她租的房间很便宜——每周 4 先令 6 便士。那只是屋顶下的一间阁楼，靠一扇倾斜的窗户采光，没有暖气，没有煤气，也没有自来水。她仅有的家具就是一张折叠式铁床架（上面铺着从波兰带来的床垫），一个炉子，一张松木桌，一把厨房椅，一个洗脸盆，一盏带一便士灯罩的油灯，一个水桶（她得去楼梯平台上的公共水龙头那儿接水），一个用来做饭的酒精灯，两个盘子，一把刀，一把叉，一把勺子，一个杯子，一个平底锅，一个水壶以及三个喝茶用的玻璃杯。要是有客人来，她的行李箱就可以当两个座位用。

她每年都会买两大袋木炭——都是在街上买了，然后一桶一桶地搬上整整六层楼，这些木炭能给她提供她所允许自己享有的全部温暖。灯光对她来说几乎是可有可无的。天刚一黑，她就去圣热纳维耶芙图书馆，双手托着头，胳膊肘撑在长桌上看书，一直看到晚上十点闭馆。从图书馆回来后，她只需要在油灯里加点油，能撑到半夜两点上床睡觉就行。

这样一来，食物、住房、取暖和照明的问题就都解决了。至于衣服，玛丽会缝补和刷洗，她打算通过勤刷洗、多缝补，而不是靠购买新衣服，来让自己保持整洁。她用洗脸盆自己洗衣服，这样只需要花点肥皂钱就行。

她所规划的这种美好生活，成本很低，而且没什么能干扰她的学习。可女孩子的身体有时会自作主张地发出某种信号。玛丽就常常惊讶地发现，自己放下书本时，会感到头晕目眩。有时甚至在她还没来得及躺到床上，在往床边走的路上就会晕倒。当她恢复意识后，她告诉自己肯定是生病了。但即便如此，她也没太在意，只是想着自己很快就会好起来的。

当她那做医生的姐夫告诉她，她看上去气色不太好时，她回答说可能是因为自己一直在学习，然后便把话题一转，问起了小宝宝的情况。她已经开始对布洛妮娅刚出生的宝宝极为宠爱了，而且喜欢把大家的注意力从自己身上转移开。

不过，幸运的是，有一天，玛丽在公共场合晕倒了，看到这一幕的女孩叫来了卡西米尔。等他赶到时，玛丽已经恢复过来了，但卡西米尔坚持要给她做检查。随后，他一言不发地查看了房间。他问，食品柜在哪儿呢？玛妮娅根本就没有这样的东西。房间里任何地方都找不到一丝吃东西的迹象，只有一包茶叶，表明玛丽还会喝点东西。

“你今天吃的什么？”卡西米尔问道。

“今天？……我不知道……我吃午饭了……”

“你吃了什么？”

“樱桃……哦，各种各样的食物……”

最后，玛丽不得不承认，从昨天到现在，她只吃了一把小萝卜和半磅樱桃。而且她一直学习到凌晨三点，只睡了四个小时。

作为医生的卡西米尔气坏了，被这个小傻瓜气得要命——她还用那双天真、欢快的灰色眼睛望着他。医生更生自己的气，怪自己居然没看出来——自己这位聪明的小姨子在某些事情上就是个十足的“大傻瓜”！

他一脸严肃地命令玛丽收拾好一周要用的东西，然后跟他走。他气得都不愿说话了。回到家，他让布洛妮娅出去买牛排，还要求玛丽必须吃那种煎得恰到好处、带着红色肉汁的牛排，再配上酥脆的土豆。不到一个星期，玛丽就又变回了那个不久前刚从华沙来的健康女孩了。

因为她担心自己的考试，所以大家同意她回到阁楼住，但前提是要合理饮食。可哎呀，第二天她又只靠“喝西北风”过日子了。

学习！……学习！……玛丽感觉自己的头脑在不断地充实。她的双手也变得越来越灵巧。很快，李普曼教授[①]就放心地让她参与一项原创性研究，她终于获得机会展示自己的本领和独特的思维。在一周的六天里，人们随时都能看到她穿着那件粗糙的科学实验工作服，站在索邦大学那高大的物理实验室里的一张橡木桌前，观察着一些精密的仪器设备，或是凝视着某种奇妙物质持续沸腾的状态。她周围还有其他从事类似工作的人，大部分是男性，大家都一声不吭，因为他们所做的事情比聊天更有吸引力。

---

① 加布里埃尔·李普曼（1845—1921），法国物理学家，因发明基于干涉现象的彩色照相技术，于1908年获得诺贝尔物理学奖。

可是等实验结束后，男孩子们会看着这个女孩，在门口跟她搭话，还簇拥在她身边想和她交朋友。她也没那么冷淡了。有一回，男孩子们急切地想和她一起走，急切到她的朋友迪迪乌斯卡小姐都得用遮阳伞把他们赶走。但玛丽可没工夫交朋友。她凭借着钢铁般的意志、对完美的狂热追求，还有那股子让人难以置信的倔强劲儿，一门心思扑在自己的功课上。

1893 年，她获得了物理学结业证书，1894 年又获得了数学结业证书。她的物理成绩在全班排名第一，数学成绩排名第二。她还努力把法语说得无比完美，绝不让自己的口音里带一点波兰腔。她想让自己说起法语来和法国人一模一样，只是发“r”音的时候稍微带点儿卷舌音。这卷舌音虽然不是她刻意为之，却为她增添了独特的魅力。

她虽然忙碌，但也不忘留意巴黎的繁花与春天时光。她从未忘记自己是个土生土长的波兰农家姑娘。她会在周日去乡间，谈论着正开着花的果树和丁香，还有那弥漫着花香的空气。

当 7 月酷热的日子来临时，又有一场考试。玛丽心里很紧张。她和另外三十个人一起被关在一间密不透风的房间里，凝视着试卷，那些字在她眼前跳动着、闪烁着。她努力让自己镇定下来，并开始答题。和许多其他人一样，她怀着忐忑不安的心情等待着出成绩的那一天。成绩公布那天，她悄悄溜进大阶梯教室的一个角落里去听宣布结果，在一群学生和家长中，她觉得自己特别渺小，因为她觉得自己考得很差。

人们的交谈声和人群走动的嘈杂声突然安静了下来。主考官拿着名单走了进来。玛丽还没来得及仔细听，主考官就已经念出了第一个名字：

玛丽·斯克洛多夫斯卡！

就这样，假期到了，玛丽满心欢喜地带着自己优异的成绩回到波兰老家。她还有其他东西要带回家呢——礼物！因为这一回，她可以把剩下的所有钱都花掉，没错，所有的钱，每一分每一毫。她可以给爸爸、约瑟夫、海拉买礼物，还能买点路上吃的，毕竟这一路可有两千英里远呢。每一个波兰人都有个雷打不动的习俗，那就是回家的时候身无分文，却带着大包小包的礼物。

在漫长的夏天里，全波兰的亲戚们都设宴款待她，为她庆祝。但一直萦绕在她心头的问题是，秋天她该怎么办呢？她要怎样做才能在接下来的一年里每周筹到一英镑以继续维持在大学的开销呢？迪迪乌斯卡小姐又拿着她的遮阳伞出现了。这次她赶跑的会是谁，没人知道，但她成功说服了华沙的有关部门给这个女孩提供一笔奖学金。她告诉那些官员们，这个女孩将会给他们的城市带来荣耀。一个天大的好消息传到了玛丽那里，她将获得亚历山德罗维奇奖学金，有六十英镑呢！这意味着她又能继续学习一年了。她精打细算着，好让这笔奖学金能发挥出最大的作用。后来，她自己有能力挣钱了，就小心翼翼地攒钱，准备把这笔奖学金归还回去，这样其他贫困的学生或许也能体会到她曾感受过的那份喜悦。多年以后，当奖学金管理秘书收到这笔归还的奖学金时，他惊讶不已，因为从来没有其他学生想过要把这笔钱还回来。

于是，她又回去继续投入到学习中了，对她而言，那并非苦差事，而是她整个热烈的生命所深深热爱的事情。玛丽最钟爱的人生阶段，就是她艰苦的学生时代。在那段日子里，她虽然身处贫困，独自奋斗，却凭借着青春的全部力量，活出了最真实的自己。她被称作“永远的学生”——就像我们在所有古老大学的古老故事里所遇到的那些人一样：年轻、贫穷、对知识如饥似渴，坚信自己身负某种伟大的使命，并在苍天之下不惜一切代价去实现那个目标。

玛丽在她那盏旧油灯下工作，她明白自己与那些伟大的科学家们一样，都是在帮助人类。她没什么钱维持生活，但她却活得精彩、快乐、无忧无虑、满心欢喜。探寻真理是她日常的乐趣，只是偶尔会被一些倒霉事儿破坏，比如有一回她的一双鞋彻底坏掉了。要买一双新鞋的话，会让她接下来几周的花销计划都乱了套，那样，她就得比以前更饿，也更冷。

有一天晚上，她冷得不行，就把箱子里所有的衣服都拿出来，堆在床上。可她还是觉得冷，屋子里能挪动来盖的东西，就只剩下椅子了。于是她把椅子也拖到床上堆着，一晚上都不敢乱动，一直熬到天亮，就怕这奇怪的“保暖架子”忽然塌掉。

尽管清晨她那水罐里的水或许会结冰，但她太眷恋那些日子了，为此她还写了一首诗：

她艰苦奋斗，生而为学。
而她身边的年轻人，
正沉迷享乐，追求刺激。
唯有她，一周又一周，
快乐、开朗，内心日渐强大。
当飞逝的时光将她带离知识与艺术的领地，
来到灰色人生之路，为生计奔波，
她的灵魂常常叹息，
渴望重回那狭窄阁楼的角落，
默默劳作，慢慢成长，场景依旧，
填满命运的记忆。

第九章
玛丽的爱情故事

玛丽陷入了困境。这不是她第一次遇到这种情况，也不会是最后一次。有人交给她一项非常有趣的科研工作，可她却没地方开展这项工作。国家工业促进协会请她写一篇关于不同种类钢材磁性的论文。这正是她喜欢的工作。她之前在李普曼教授的实验室里工作进展得十分顺利，但那里实在没有空间放置她所需要的那些重型设备。她得分析矿物质，还要把金属样本分类，可她完全不知道能从哪里借到一块合适的场地。她把自己的烦恼告诉了一位波兰科学家朋友——科瓦尔斯基先生。他正好和妻子一起来到了巴黎，一方面是度蜜月，另一方面是来做科学讲座。

科瓦尔斯基一脸严肃地看着她。他明白这件事很重要，可他不过是在巴黎的一个陌生人，要他帮忙找一个实验室，他能有什么办法呢?

“我有主意了！”犹豫了一会儿后，他大声说道，“我确实认识一个很厉害的人，他在罗蒙街的理化学校工作。说不定从他那能借到一间屋子，就算借不到，他也能给你出出主意。明晚饭后来喝点茶吧。我也会请那位年轻人过来。他很有名的，你肯定听说过他的名字，皮埃尔·居里。”

玛丽走进科瓦尔斯基夫妇住的那间有些昏暗的寄宿公寓的房间时，注意到有个高个子年轻人正站在阳台窗户的凹处。他看起来非常年轻，这让玛丽很惊讶，因为她本以为会见到一位已经颇有成就的人。这个陌生人身上有种独特又引人注目的气质，一种自在、优雅的感觉，在他宽松的衣服的衬托下越发明显。他在被介绍给玛丽时，眼神清澈透亮，透着欢迎之意，这让他显得特别真诚、质朴，而且很年轻。玛丽喜欢他那严肃却又近乎孩子气的笑容。他们立刻就聊起了科学，毕竟这不就是他们聚到一起的原因吗？

他是个与众不同的人，是一位医生的儿子。在皮埃尔还很小的时候，父亲就意识到，他不是那种能轻易适应别人都适用的求学模式的孩子。皮埃尔不适合去公立学校，所以家里给他请了一位家庭教师单独授课。他从小就是个恋家的孩子，喜欢和父母以及他唯一的哥哥待在一起。他渐渐爱上了科学，也喜欢探究自己的内心世界，并把自己的想法写在日记里。“女人，”他在很小的时候写道，“仅仅为了活着，她们热爱生活的程度远远超过我们男人：天才女性可不多见。所以，当我们把所有心思都放在某项伟大的工作上，从而远离周围的平常生活时，我们实际上是在和女人抗争。母亲想要儿子的爱，哪怕儿子因为爱她，变成一个傻瓜。一个陷入爱情的女人，会甘愿为了一时的爱情而牺牲世界上最伟大的天才。”

虽然这样看待少女或成年女性的方式有点儿尖刻，但皮埃尔有他的理由。除了他的观察有时确实很符合实际情况这一点，他的初恋也确实给他带来了巨大的痛苦，于是他下定决心永远不再谈及此事，也永远不结婚。在那个决定命运的夜晚，在他和玛丽在壁龛处谈论科学的时候，他已经三十五岁了。在法国国内，他几乎无人知晓，几乎被人忽视，法国总是用这种奇怪又令人心碎的忽视，来对待她最伟大的人物，可即便如此，这些人物的伟大之处也丝毫未减。

但在法国以外的地方，他却声名远扬。他和哥哥有一项发明，能帮助测量极其微小的电量，其他国家那些了不起的科学家都满心感激地用着这个发明呢。而他自己发现的晶体对称原理，后来成了现代科学的基础。有一种新的天平和一条新的物理定律，都是用他的名字来命名的[①]。像开尔文勋爵[②]这样厉害的人，都尊敬他，把他当作导师。可尽管如此，他挣的钱只跟一个手艺好的工人差不多，每周才三英镑。

不过呢，他的贫困在某种程度上也是他自己造成的。曾有人给他提供过一份工作，能赚很多钱，可他却回答说："不用了，谢谢，没有什么比一门心思只想着钱，对人的心灵更有害了。"也曾有人提议授予他政府颁发的荣誉，而他却请求别人别这么做，而且他还决定，永远不接受任何种类的勋章。

这位性格坚定、热爱科学的人站在玛丽面前侃侃而谈。他那双修长的手搁在桌子上，那双沉静而清澈的双眼，带着深邃、平和又超脱的目光打量着她。也许他那时突然想起了自己一直以来的看法——"天才女性可不多见"。

一开始，就像四个人碰面时那样，大家聊得很宽泛，后来皮埃尔和玛丽聊起了科学。她来这儿不就是为了科学的事儿吗？她带着些许敬意，向这位看起来很年轻的杰出人物请教，还认真听他给出的建议。接着，他聊起了自己，这可是他很少做的事儿呢！他讲起了自己的目标，还有他研究的晶体学，这门学问既让他困惑又让他着迷，他

① 分别是居里天平和居里定律。
② 开尔文勋爵，原名威廉·汤姆森（1824—1907），英国数学家、物理学家、工程师，热力学温标的发明人，被称为"热力学之父"。

一直在探寻其中的规律。一个念头突然闪过他的脑海：真奇怪呀，自己居然在跟一个女孩子谈论自己热爱的工作，用着专业术语和复杂的公式，却发现这个年轻漂亮的女孩子不仅变得兴致勃勃，还听得懂，甚至能带着完美的领悟跟自己讨论细节……这是多么美妙的体验啊！他又看了看玛丽，看着她美丽的头发，看着她因为接触化学酸液和做家务而变得粗糙的手，看着她优雅的姿态，看着她一点儿也不做作的样子——这既迷人又让人有些不知所措。就是这个女孩儿，在波兰努力了好多年，就盼着能来到巴黎，现在她终于在这儿了，却独自一人在阁楼里，身无分文地坚持着研究。

"你打算一直住在巴黎吗？"他问道。

"不，当然不会。"玛丽回答道，"要是我今年夏天能通过考试，就会回华沙。我想秋天再回来，但不知道到时候是否负担得起费用。以后呢，我想在波兰的一所学校教书，努力做点儿有用的事。波兰人可不能抛弃自己的国家。"

谈话转到了波兰的悲惨遭遇，转到了压迫波兰人民的统治者身上。皮埃尔一门心思只想着科学发现，此时听到人们为争取自由而奋起抗争的故事，他感到既惊讶又难过。也许他在想，要是科学家们不得不把心思从科学上移开，那真理和知识将会遭受多大的损失啊！也许他开始琢磨，得为波兰出份力，把这个难得的天才留在科学之都巴黎。不管怎么说，他不想和她失去联系。皮埃尔开始在物理学会和她碰面，她会去那儿听关于新发现的讲座。皮埃尔还送了她一本自己的限量版新书，还时不时会看到她穿着亚麻工作服，在李普曼实验室的仪器中间忙碌。

接着，皮埃尔向玛丽要了她的住址，然后就去了弗伊兰蒂纳街 11

号。也许他记得，巴斯德[①]也曾在这条街上住过。皮埃尔爬了六层楼梯后，走进了那间阁楼——这位医生的儿子被房间里极其简陋的景象打动了！可这地方和玛丽是多么相称啊！当玛丽穿着破旧的连衣裙，穿过几乎空荡荡的房间来迎接皮埃尔时，她看上去是那么可爱，从来没有如此可爱过！她看上去是那么消瘦，那么清苦，而眼中却充满热忱，神情倔强又执拗，在这空荡荡的房间的衬托下，玛丽显得格外美丽。

皮埃尔心里所有的苦闷情绪都瞬间消散了，就好像太阳一出来，雾气就消散了一样。他们交谈着，之后皮埃尔带着完全不一样的精神状态回去工作了。之前在他看来没什么价值的事情，现在变得更重要，也更清晰了。他的新理论后来被他写成了一篇极为出色的博士论文。他发现，至少有这么一个女人，非但没有扼杀一个男人的天赋，反而将其唤醒了。因为他把心交给了玛丽，所以他能更好地投入到自己那些高深的思考中去。

可玛丽心里是怎么想的呢？皮埃尔想弄清楚。他带玛丽去了他俩都喜爱的美丽的法国乡村。他们一起采摘雏菊，然后带回家摆放，让阁楼增添了几分洁白与雅致的气息。他还带玛丽去位于巴黎郊外的索镇的家，去见他的母亲和和蔼可亲的老父亲。玛丽感觉就像到了第二个家——一个奇怪的、有点像她在华沙的家，这里的人都很平和、亲切，彼此相爱，喜欢读书，热爱大自然，最重要的是，他们都热爱科学。他们聊起美丽的波兰，聊起玛丽在波兰那广袤美丽的草地上长时间漫步的情景，聊起她一想到能在波兰和瑞士的山区度过即将到来的假期就满心欢喜。

"可你10月份会回来吧？"皮埃尔突然叫道，一阵突如其来的寒

① 路易·巴斯德（1822—1895），法国化学家、微生物学家，微生物学的奠基人之一。

意揪住了他的心！“你要是放弃科学，那可就是罪过了。”

玛丽没有被糊弄过去。她早就知道皮埃尔说这话的意思——要是离开他，那可就是罪过了！

但波兰一直牵动着她的心。不过，她还是羞怯地抬头看着皮埃尔，说道：“我觉得你说得对。我非常想回来。”

没过多久，皮埃尔就鼓足勇气把自己的想法说了出来——请求她做自己的妻子。可玛丽却说，那是绝对不行的。她绝不能嫁给一个法国人，背弃波兰。自从说了这句话之后，他们争论了好多次。因为皮埃尔知道，科学是站在他这一边的。只是他无法相信，仅仅为一个国家效力就放弃属于全世界的科学，他觉得这不是任何人应尽的义务。

于是，玛丽又回国度假了，除了答应皮埃尔会一直当他是朋友，什么承诺都没给。皮埃尔给她写了很多长长的劝说信。他原本计划去瑞士和玛丽相聚几天，但玛丽要在那儿和父亲碰面，皮埃尔觉得自己在场可能会破坏女孩完美的假期。他便通过信件把自己所有的想法和犹豫都告诉了玛丽，还不忘顺带提及自己的观点——一个人活着唯一应该追逐的梦想就是科学梦。他写道：

在政治方面，你永远不知道自己可能会做出什么事。你可能原本想帮助自己的国家，结果却毁了它。你梦想着帮助全人类，却不知道该怎么做。但科学是实实在在的。你在科学领域做出的任何发现，无论它多么微小，都将被留存下来。真理一旦被发现，就不会消失，也永远不会出错。

相信我，
你忠实的，
皮埃尔·居里玛丽喜欢写信跟他讲自己对自由的感受。“空谈！”他回信说，“我们全都是奴隶，是情感的奴隶，是偏见的奴隶，赚钱谋生时也是奴隶——我们就是机器里的齿轮。我们不得不对周围的事物做出一些妥协！如果我们妥协得太多，我们就会变成可怜又卑鄙的人；如果我们妥协得不够，我们就会被压垮。”

10月份，玛丽回到了巴黎。可不只是她固执，皮埃尔之前说的要对周围的事物做出让步，那他自己呢？他开始琢磨，是不是该由他来做出让步。这个想法刚冒出来，他就付诸行动了！他提出要放弃在巴黎的一切，去波兰。有一段时间他会暂时放下科学研究，靠教法语来谋生，之后再想办法重新投身科学工作。

玛丽把自己的犹豫告诉了布洛妮娅，还问她，对于皮埃尔提出放弃自己国家这个惊人的提议，她是怎么想的。就玛丽自己而言，她觉得没人有权力去要求别人做出这样的牺牲。一想到皮埃尔愿意为她做这样的事，她心里就很不平静。皮埃尔也去找了德卢斯基一家。他们完全站在皮埃尔这边。

布洛妮娅开始陪玛丽一起去拜访皮埃尔的父母。从皮埃尔母亲那里，布洛妮娅听到了她对皮埃尔这个出色儿子满是疼爱的讲述，于是她明白，要是妹妹和皮埃尔在一起，幸福肯定有保障。

十个多月过去了，玛丽还是犹豫不决。不过，最终，这两个原本都发誓决不结婚的人，放弃了他们那些不切合实际的想法，选择了迎接幸福。

玛丽的哥哥从波兰给她写了一封很贴心的信，信中充满了理解。就好像是波兰——这个国家本身在告诉这个波兰女孩，嫁给一位法国科学家——而且这位科学家恰好是皮埃尔·居里，她能为波兰做出更多有益的事情，这可比回到华沙当一名女教师要多得多。其实，后来发生的一切都表明，玛丽做出了正确的选择。

于是，玛丽可以满心欢喜地筹备她的婚礼了，而这将会是一场多么特别的婚礼啊！

1895 年 7 月 26 日，随着太阳在晴朗的天空中升起，玛丽 · 斯克洛多夫斯卡早早起床了。她梳理着自己美丽的秀发，穿上深蓝色的新裙子，搭配着卡西米尔 · 德卢斯基的母亲送给她的那件蓝白条纹衬衫，她那漂亮的脸庞上洋溢着喜悦。她并不想要那种真正的婚纱，能有新衣服她就很高兴了，因为她平时基本只有一条裙子可穿，所以她更想要那种实用的、之后还能在实验室里穿的衣服。

玛丽穿戴好后，皮埃尔来接她，然后两人乘坐公共马车去赶开往索镇的火车——婚礼将在索镇举行。沿着圣米歇尔大道，拉车的大马嗒嗒地走着，路过索邦大学时，两人都满含爱意地望着它，因为不正是这所大学让他们走到了一起吗？

在索镇，除了布洛妮娅、卡西米尔、斯克洛多夫斯卡先生和从华沙远道而来的海拉，没有其他宾客了。他们买不起金戒指，也办不起结婚喜宴。要说结婚礼物，最重要的是两辆锃亮的自行车，是一位表亲送的，他们打算骑着这两辆自行车去度蜜月。

婚礼结束后，两位父亲在花园里见到新郎新娘时，玛丽的父亲对皮埃尔的父亲说道："您将会得到一个像玛丽这样，值得去疼爱的女儿。因为从她出生那天起，她就从未让我有过片刻的烦恼。"

第十章
居里夫人

皮埃尔和玛丽开始了一段不同寻常的蜜月之旅。他们既不用去买车票，也不用预订房间，因为他们要骑着自行车，想去什么地方就去什么地方。他们把几件衣服绑在自行车上，由于这个夏天雨水多，他们还带上了两件长长的橡胶雨衣。他们的自行车轮胎在湿漉漉的路面上悄无声息地滑行着。明亮而时隐时现的阳光洒在法国道路两旁那些高大的树上，随之在地上形成一片片光斑。刚刚下过一场阵雨，残留的雨滴被树叶抖落，滴在这两位旅行者的身上。

他们即将开启的是一场多么奇妙的冒险之旅啊，就只有他们两个人！他们看不到这场冒险之旅的终点，也想象不出它会有多么刺激，就像他们看不到这条长长的林荫道的尽头，也不知道当晚将在哪里睡觉一样。

皮埃尔一直喜欢在幽静的树林里漫步。他喜欢树林里凉爽湿润的感觉，当走到布满岩石的山坡上时，他喜欢闻迷迭香、墨角兰和野蔷薇的香气，这些植物在那儿交织成一片野生丛林。对他来说，无论是白天走还是晚上走，无论是黎明出发还是黄昏出发，都没什么区别；是十一点吃饭还是三点吃，是七点吃还是十点吃，也都无所谓。现在，所有他喜欢的事物都变得更加美好了，因为玛丽和他在一起，而且玛丽不会在时间或守时这些事上烦扰他。

他俩不打算大手大脚地花钱，不会去住酒店。傍晚时分，他们来到了一个村子，找了一家简朴的小旅店。这种旅店一般有个大大的酒吧间，里面摆着几张桌子和一些椅子。旅店老板会给他们铺上一块干净的白桌布，还端来了香浓的热汤。吃完晚饭，他们就沿着嘎吱作响的木楼梯往上走，穿过一条弯弯曲曲的走廊，来到一个房间，再点上一根蜡烛，那微弱的光恐怕都照不亮那已经褪色的墙纸。法国乡村的小旅店常常就是这个样子。晚餐很不错，床铺干净又舒适，而且收费也不高。

第二天，喝完咖啡，吃完面包卷，就权当早餐了。他们就沿着另一条公路继续骑车前行，公路两侧树木成荫，森林绵延。一条通往树林神秘深处的长长的绿色林中小道吸引了他们。他们下了自行车，把自行车停放在路边的一间小屋旁，确认带了指南针，因为在法国的那些大片森林里很容易迷路，他们往口袋里装了些苹果，然后就发现双脚踩进了松软的苔藓下面，陷进湿乎乎的泥里。太好玩了！对他们来说，没有方向的概念，也没有时间的约束，更没有人操心他们什么时候回来。

皮埃尔走在前面，心不在焉地大步走着。玛丽则迈着较小的步伐跟在他后面，但也一直没有落下。她没戴帽子，可在那个时候，其他女人出门从来都是要戴帽子的。这可不是她唯一引领时尚的地方呢。她的裙子本应是拖在地上，让泥巴糊满裙子和鞋子，但她却令人惊讶地用一根松紧带把裙子高高地束拢起来，以至于脚踝都露了出来！她的鞋子厚实又实用，她的皮带上还有口袋，可以装小刀、钱和手表。她能清楚地听到皮埃尔在说什么，他在前面大步走着，仿佛要去赶火车似的。很明显他是在跟她说话，不过由于他走路从不回头，所以看起来就好像他是在对着树木讲述晶体的奇妙特性一样。没有哪种谈话比关于晶体的谈话更有学问，也更让人难以听懂，要是说得更科学点，就是关于晶体学的对话。玛丽听得津津有味，她的回答、评论和建议都和皮埃尔的一样精妙，听起来就好像这两个声音表达的是同一种思想。

玛丽开始觉得累了。就在这时，他们突然来到了森林中的一片开阔地！空地上有一个长满芦苇的水塘。玛丽便坐到水塘边，晒着太阳，而皮埃尔则像个小男孩似的去找找看看水塘边都有什么，像蜻蜓啊、蝾螈啊、火蜥蜴啊之类的。在离水塘稍远的地方，长着睡莲；比较靠近岸边的地方，则盛开着黄色的鸢尾花。他想摘来送给玛丽做装饰品，可这儿没有船呢。不远处有一棵树倒在了水面上——就它了！虽然可能有点滑，但对于热恋中的人来说，弄湿一点又算得了什么呢？还好，他运气不错，很快就回来了，并把一顶用湿漉漉的睡莲和鸢尾花编成的花环戴在了妻子的头上。

接着，就好像突然看到了什么可以捕捉的东西，皮埃尔手脚并用，悄悄地又靠近了水边。玛丽没留意他在干什么，8月的天这么热，就这么坐着什么也不干，可太舒服了。突然，玛丽尖叫起来，惊恐地看着自己的手。一只冰凉凉、湿漉漉的青蛙，正蹲坐在她手上呢！

“你不喜欢青蛙吗？”皮埃尔惊讶地问道，他自己可一直都很喜欢青蛙呢。

“喜欢呀，但不喜欢它在我手上。”

“真是个误会！它们可是很好玩的观察对象呢。你瞧瞧它，难道不帅气吗？”

不过，他还是把那只又帅气又黏糊糊的青蛙从玛丽手上拿开了，把它放回了水塘，这下他们都高兴了。

然后，他们继续一边散步，一边聊天。玛丽戴着那顶特别引人注目的花冠，一直走回到大路上，并看到了他们的自行车。

8 月中旬，玛丽和皮埃尔沿着巴黎周边偏远的林间小道一路前行，来到了北部的尚蒂伊。这是一座隐匿于广袤森林中的小镇，这里的赛马总会从豪华的马厩里探出头，偷看过往的行人。玛丽和皮埃尔要去森林里一个叫“拉比什”，也叫“母鹿”的农场与家人会合。在那儿，他们见到了布洛妮娅、卡西米尔和小宝宝海伦娜，大家都叫她“璐”，还有德卢斯基奶奶、斯克洛多夫斯卡教授和海拉。

森林里的农场自有其独特的魅力。除了偶尔传来的狗叫声、树枝折断声、远处伐木工的砍树声、受惊野鸡仓促起飞的振翅声，或是野兔逃窜的沙沙声，几乎听不到别的声响。无论你走到哪里，只要眼睛能看到的地方，大地都被淡黄色、渐渐枯萎的铃兰花叶所覆盖，仿佛处处都在提醒和邀请人们来年应在 5 月份前来观赏。

在农场里，大家聊得热火朝天，还经常和三岁的小璐璐聊天——她长得漂亮，又活泼又好玩。有时候，他们会和斯克洛多夫斯卡教授探讨严肃的科学问题；有时候，又会聊聊养育孩子的种种奥秘；还有的时候，皮埃尔的父母从索镇来看望大家，他们就一起聊聊医学和政治。法国是个非常适合高谈阔论的国家。玛丽常常惊讶地发现，她的法国公公和他的朋友们聊起政治来，那劲头可足了。政治对他们来说，就像他们的生活本身一样重要。他们特别关心国家是如何治理的，而且在自由的法国，他们想说什么就说什么，所以他们的谈话特别有意思。不过，皮埃尔却不一样：他不喜欢政治，因为他说自己不太会发脾气。但要是一项政策不公正或者很残酷，他就会表明立场——站在受压迫和受迫害者的那一方。

就这样，蜜月结束了。皮埃尔和玛丽在巴黎的一套公寓里安顿下来，开始操持家务，这可是一段奇特又与众不同的居家生活呢！他们不打算接待访客，所以家里就只有两把椅子。要是有个不知情的陌生人费劲爬了四层楼，想来正式拜访，却发现这对夫妇在家工作，他只要环顾一下四周想找个座位，不用别人说就会明白，这儿没他的地儿。脸皮再厚的人也会灰溜溜地打道回府。居里夫妇可没打算花时间去招待客人。不管怎么说，玛丽一个人得干两份活儿：一份是妻子的活儿，大多数妻子都觉得光是这个就够忙的了；另一份是科学家的活儿，大多数科学家都觉得这种活儿多得干不完呢。

她决定把家里布置得尽可能简单些，尽量不浪费时间。家里不铺需要清扫的地毯，没有需要擦拭的扶手椅或沙发，墙上没有需要掸灰的装饰，也没有什么东西需要擦亮。桌子、两把椅子和书架都是未经打磨的松木做的——这种木材看着舒服，打理起来也不麻烦。房间靠简洁的布置和一瓶鲜花来展现其美感，而书籍、一盏台灯以及一堆堆物理方面的文件则表明这是学者的书房。两个彼此相爱、热爱自然与学问的人，不会再奢求别的东西了。不过，他们总得吃饭呀。毫无疑问，这对他们俩来说似乎都有点无奈，但玛丽可不会再忽视这些现实问题了。

她为打理家务买的第一件东西是一个黑色的笔记本，封面上用金色字母印着“账目”字样。她知道，把家里的账目算得清清楚楚，是经营幸福家庭最为重要的基础，尤其是对于一个每年只有 240 英镑过日子的家庭来说，就更是如此了。

她做饭也必须做到完美无缺，不然皮埃尔的肠胃就会出问题。另外，她还得想出个办法：让她白天大部分时间能在实验室做科学研究，而晚餐还能自己做好。事实是很厉害、很强大的东西，但是人的大脑可以利用它们来解决自身面临的难题。

首要的一点是要把一天的时间充分利用起来。她早早起床去市场买菜；回到家就整理床铺、打扫地板，然后准备晚餐。啊！做饭真让人头疼啊！结婚前她就跟布洛妮娅和德卢斯基夫人学过做饭，但光靠上课学是学不到多少东西的，“犯错”才是更好的老师。好在皮埃尔不挑吃的，饭菜做得好吃或不好吃他都一样开心。这倒也挺好，可玛丽受不了这样的想法：她那身为著名烹饪国度一员的法国婆婆，可能会因此认为波兰姑娘是不会做饭的！于是，她一遍又一遍地翻看菜谱，就像钻研科学知识一样认真学习；还在书页边上做笔记，记录自己做饭成功的经验和失败的教训。但有些事儿印刷出来的菜谱却“忘记”告诉她了。煮牛肉的时候，到底该用热水下锅呢还是冷水下锅呢？豆子要煮多久才会熟呢？怎么才能让一根根通心粉不粘在一起呢？这些谜题需要进行“科学实验”才能解决了。渐渐地，玛丽变得越来越聪明了：她“发明”了一些菜肴，能在她出门的时候放在煤气灶上自己煮；她还能精确计算出做各种炖菜在不同时间里需要把煤气火焰调到多高。随后，把炉灶的火焰调得恰到好处，她就离开家，在实验室里一待就是八个小时。可别再说科学知识对做饭没什么用哦！

晚上和皮埃尔一起步行回家时，玛丽会买些杂货或者水果。回到家里，吃完晚饭，做完家务，她会把今天的开销记到笔记本上。然后，她就会拿出书来，为了再拿一个学位努力学习，一直学到凌晨两点。这一天可真够长的，从早上六点一直持续到第二天凌晨两点。但即便这样，她还是写信对哥哥说：“我们一切都好——身体康健，生活顺心。我正慢慢地把公寓布置成我想要的样子，但我打算把它弄得尽可能简简单单的，这样既不会给我们带来麻烦，也不需要花太多精力去打理，因为我能得到的帮忙很少。每天会有个女工来干一个小时的活，帮着洗洗碗碟，做些最累人的活儿。”

居里夫妇的生活平平淡淡，没有什么新鲜刺激的事儿。他们经常去索镇看望皮埃尔的父母，不过，每次去的时候都会带上自己的工作。而皮埃尔的爸妈会给他们准备好两个房间，这样他们就能像在家里一样，继续勤奋工作。他们几乎不去剧院看戏，也不参加其他活动。甚至连海拉在华沙举行婚礼，他们都没钱去参加。他们一年到头都在工作，只有在复活节的时候才能休几天假。不知不觉，又到了 8 月——玛丽的考试正如火如荼地进行着。

这次她又考了第一名！皮埃尔自豪地用一只胳膊搂住她的脖子，带着她大步走回家。他们一到家，就赶紧给自行车打好气，把背包塞满东西，然后出发去奥弗涅山区①。

玛丽在描述那个假期时，写道：

我们对某个阳光明媚的日子有着多么美好的回忆啊！在经历了漫长而艰难的攀登后，我们发觉自己正穿行在奥布拉克高原②清新的绿色草甸上，那里的空气格外洁净。还有一段鲜活的记忆，那是一个傍晚，当时的特吕耶尔峡谷被暮色笼罩，顺着山谷，仿佛被施了魔法一般，一阵悠扬的旋律传来，那是从一艘顺流而下并渐渐消失的船上传来的。那天我们算错了路程，在天亮前无法回到住宿的地方。接着我们遇到了一长串马车，但马儿看到我们的自行车受了惊，我们不得不穿过犁过的田地。当我们回到公路上时，高地沐浴在月光那如梦似幻的光辉里，而那些夜里待在围场里的奶牛，会一只只庄重地走过来，用它们又大又沉静的眼睛凝视着我们。

① 位于法国中部的火山区域，群山绵延起伏，原始峡谷众多，清澈的温泉遍布，自然风光优美。
② 位于法国南部山脉地区。

假期结束后，又要开始工作了。生活继续像教导玛妮娅·斯克洛多夫斯卡那样教导着玛丽·居里，用重重的艰难困苦让她明白，这世上最美好的东西都得付出高昂的代价才能获得。

玛丽想要个宝宝，就如同她对科学的渴望一样强烈，也如同她渴望能与皮埃尔分享一切那般热切。但她发现，这一次她没办法兼顾所有事情了。她没办法连续八小时都在研究钢铁的磁化现象，也没办法和皮埃尔一整天都骑着自行车在布列塔尼①湛蓝的海湾间游玩。她惊讶地发现，自己不得不对一些事情做出让步，这让她有点懊恼。当她父亲特意从波兰赶来，想让她早点休假时，皮埃尔用简单的波兰语给她写了很贴心的信，因为他觉得这门语言很难学，但又为自己取得的进步感到骄傲。

“我的好姑娘，你那么可爱，那么甜美，我是那么爱你。今天收到了你的信，我开心极了！在这儿，没什么新鲜事儿，就是特别想你！我的魂儿都跟着你跑了！”玛丽回信了，她用简单易懂的波兰语写道：“我这儿都挺好，阳光灿烂，就是有点热。你不在，我好难过。快点来吧。我从早到晚都坐在这儿眼巴巴地盼着，可你还是没来……我身体挺好的，我正在尽可能地多学习。不过庞加莱②的书比我预想的要难。我得和你聊聊这本书，我们得一起把我觉得难的地方研究研究。”

随后，伊蕾娜③的到来，给玛丽增添了不少事儿，可也带来了很多快乐。玛丽叫她“小女王”，亲自喂她吃饭，给她洗澡、穿衣服。

---

① 法国西部的一个地区。

② 朱尔·亨利·庞加莱（1854—1912），法国著名数学家、天体力学家、数学物理学家和科学哲学家。

③ 即居里夫妇的女儿——伊蕾娜·约里奥－居里（1897—1956），法国科学家，也是中国放射化学奠基人杨承宗在法国巴黎大学留学时的博士生导师。伊蕾娜和丈夫于1935年共同获得诺贝尔化学奖。

要不是医生说必须得请个保姆，玛丽都打算自己把这些活儿全包了。

这下好了，玛丽要把所有时间分配在四件事上，而不是原来的三件了：实验室、丈夫、家庭和女儿。玛丽想工作的时候，伊蕾娜正处在长牙期，哭得整栋房子都要塌了。要么伊蕾娜感冒了，要么撞到脑袋了，要么有点发烧。这时候，身为大科学家的爸爸妈妈就得整夜不睡觉，守着这个蓝眼睛的小不点儿。有时候，就算伊蕾娜好好的，玛丽在实验室正忙着科学研究也会突然惊慌起来，扔下报告就冲向公园，去看看保姆有没有把她的孩子弄丢。还好，没有！保姆正推着婴儿车，伊蕾娜安安稳稳地在里面呢。保姆走了之后，伊蕾娜又有了一个特别疼爱她的“奴隶”——她的外公，每当玛丽要去实验室忙的时候，就可以把伊蕾娜交给她的外公来照顾。

可伊蕾娜的妈妈越来越瘦，这谁都没觉得奇怪。不过呢，她运气挺好的，瘦下来之后，比以前更漂亮了，有一种高贵又有点像仙女的美。她看起来都不太像真人，感觉风一吹就能把她吹跑似的，除了她那饱满的额头和那双充满梦幻光芒的大眼睛还透着真实感。

第十一章
伟大的发现

玛丽一直像其他杰出的科学研究者一样在实验室里工作。她已经有两个硕士学位，拿了奖学金，还写过一篇关于回火钢磁化的论文。可在她面前，还有一个头衔需要努力获得，那是连最杰出的学者都梦寐以求的——博士学位。要获得这个学位，就必须得发现一些以前没人知道的东西，解决一个还没解决的难题，而世界上还没解决的难题有很多，有些说不定就压根儿无解。一个人可能得钻研一辈子，到最后却发现自己的时间和生命都白白浪费了。正如莎士比亚[①]所说，大自然特别擅长“沉默不语”。那在所有未知的事物中，玛丽会选择尝试去了解什么呢?

皮埃尔是妻子玛丽所在实验室的负责人。玛丽总会听取丈夫的建议。皮埃尔是一位学识渊博、经验丰富的物理学家。他肯定能够提出一些有必要去探究的事物，一旦弄明白，既能帮助人类，又能引导大家获得更多知识。在通往知识的迷人道路上，是否存在某种阻碍前行的晦涩难懂的知识呢？夫妻俩经常探讨这个问题。可有一天，在翻

① 威廉·莎士比亚（1564—1616），英国文艺复兴时期的剧作家、诗人。

阅一本讨论最新科研发现的科学期刊时，玛丽在看到关于对亨利·贝克勒尔[1]某项工作的报道时突然停了下来，一年前这篇报道首次出现时就引起了她和皮埃尔的兴趣。她又读了一遍，然后又仔细地重读了一遍。

自身就能发光的东西！那些从来没有从太阳甚至星星那里获取过光亮，但自身却能发光的东西！有意思吧？玛丽对这个非常感兴趣。

当时，伦琴[2]刚刚发现了一种被称为“X 射线”的新射线，医生们已经利用它来透视人体皮肤，查看皮肤下隐藏的东西。随后，庞加莱就曾思考是否可能存在与 X 射线相似的其他射线，它们是由某些能发光的物体在光的作用下释放出来的。这个问题引起了贝克勒尔的兴趣。他对某些物质进行了研究，想看看假如这些射线存在的话，自己能否找到它们。在研究一种叫作“铀”的稀有金属时，他有了一个极其惊人且全新的发现：铀盐在完全不与光接触的情况下就能发出射线！它们能自发地发光！之前从来没有人遇到过这样的事情，也没人能理解这种光的奇特之处，更无法对其作出解释。贝克勒尔弄明白了一些关于它的情况：比如，将一种铀化合物放在包裹着黑纸的照相底片上，它能透过黑纸使底片感光成像，而且还能利用周围的空气使验电器放电。这确实是令人惊讶的射线啊！

贝克勒尔已经发现了这个事实——世界上的确存在这样一种奇怪的射线。玛丽决定对这种射线作出解释——这将成为她博士论文的主题。不管这事儿看起来多不起眼，都逃不过她的眼睛。玛丽要弄清楚这种辐射从哪儿来，它的源头和成因是什么，其实，也就是它的本质

① 安东尼·亨利·贝克勒尔（1852—1908），法国物理学家。因发现天然放射性现象，于 1903 年获诺贝尔物理学奖。

② 威廉·康拉德·伦琴（1845—1923），德国物理学家。因发现 X 射线，于 1901 年获得诺贝尔物理学奖。

是什么，或者简单地说，它到底是什么。弄清楚一个事物是什么，就是对它作出解释。

除了贝克勒尔那篇尚未深入探讨这个问题的论文，没有其他书籍可供玛丽参考。世界上也没有人对玛丽所研究的这个课题有所了解。因此，玛丽也找不到可以请教的老师。她即将踏上一段在未知世界里的疯狂冒险之旅。

就像一位打算深入巴西森林探秘的探险家需要一艘船将他带到亚马孙河一样，玛丽也需要一间能开展实验的屋子。这可不容易找到。皮埃尔向他的朋友们打听询问，可没人能想出有这么个合适的地方，因为合适的地方都被用来做更重要的事了。物理学院的院长建议说，也许一楼的那间旧储藏室可以凑合用。那里虽然到处是蛛网——是蜘蛛的“老窝”，还堆满了机器和杂物，但好歹有块空地。

玛丽就在那个偏僻的角落里安顿了下来。幸运的是，她早已习惯了艰苦的环境。冬天的时候，室内温度能达到冰点以上 11 摄氏度，她就心满意足了。这对她自己来说倒没什么，但她的那些仪器可娇贵得多。要是跟着玛丽一起吃苦头，它们就容易出毛病。当墙壁往外冒湿气的时候，那些仪器就会出问题，因为它们需要恒温的环境。静电计是非常敏感的仪器，玛丽不得不考虑它们的“脾气”，对它们格外关照。

于是，她开始研究铀射线了。她要做的就是测量铀射线的某种能力。她必须弄清楚铀射线究竟能在多大程度上让空气导电，还要看看它们使验电器放电得花多长时间。

她的验电器是一个金属盒，盒体侧面有两个孔。在盒子里面，一根垂直的黄铜片 B 连接着盒盖内的一块硫黄 SS（硫黄是一种良好的绝缘体）；与黄铜片 B 相连的是一根水平金属线，一端连着一个旋钮 C，另一端连着一块电容器极板P′；还有一片金箔L也连接在黄铜片B上。金属盒是接地的。实验时要先给验电器充上电，然后将要检测的物质放在和金属盒外部相连的电容器极板P上。这种物质会使电容器极板P和P′之间的空气变得能导电，这时验电器所带的电荷就开始泄漏。随着电荷的泄漏，金箔L就会慢慢落下来。

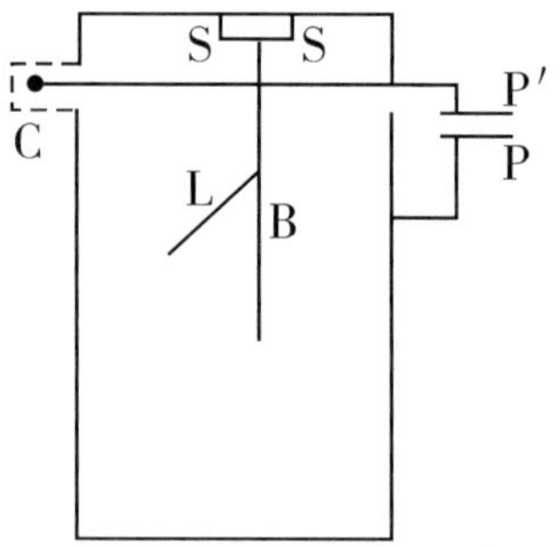

玛丽通过显微镜和金属盒上的一个小孔观察实验所发生的情况。金箔落下来所花的时间与铀射线的强度是成正比例关系的。过了几个星期，她非常确定她所研究的铀的放射性（射线的能量）与她放在电容器极板P上的样本中纯铀的含量是成正比例关系的，而且不受样本的化学成分、光照、温度或者其他外部因素的影响。可以说，它（放射性）是一种非常独特的“小家伙”，非常有个性。这到底是什么东西呢？

只研究铀的话，她对这种奇怪射线的探究就没有办法再有进展了。她就想，这种微小、独立又独特的东西，除了在铀中，也许还存在于其他物质里呢？以前没有人在别的地方发现过它，但这可不代表以后也没人能发现呀。

玛丽只能去探寻。她下定决心要检测每一种已知的化学物质。这是多么大的决心啊！每一种已知的……！

除了要检测每一种已知的化学物质，她还得照顾丈夫，打理家务，还要给伊蕾娜穿衣喂食，陪她玩耍，教她学东西。但居里夫人很懂得如何安排工作。一个念头在她脑海中一闪而过——这念头或许也会在别人脑海中一闪而过，只是没有被抓住——那就是，既然铀能自己发光，那么在浩瀚的宇宙中，肯定还有其他物质也能做同样的事情（指自己发光）。

没错，确实有。玛丽发现了另一种叫作“钍”的物质也能这样。就在那时，她给这种自发发光的现象起了个名字，叫作“放射性”。

就这样，她检测了所有已知的化学物质——这些物质以无数不同的方式和比例组合在一起，构成了整个世界。其中有两种物质具有放射性，但这是为什么呢？究竟该如何解释它们这种奇特又美妙的能力呢？她似乎离自己所寻求的答案还很遥远。可是，当检测完所有已知的化学物质后，她还能做些什么呢？

嗯，世界上还有各种各样的成品物件呢。玛丽天生就有一种强烈的好奇心，这可太棒了。她决定去博物馆，从研究矿石开始。那些含有铀或钍的矿石肯定会有放射性，而那些既不含铀也不含钍的，就不会有放射性。其他人已经记录过这些矿石的构成成分，玛丽只需要参考他们的记录，从那些可疑的矿石入手，也就是那些可能含铀或含钍的矿石。

当她找到一块有放射性的矿石时，她就测量里面铀的含量，还有钍的含量，再测量整块矿石的放射性强度。按照常理，一加一应该等于二，但在这里却得出了八！

1+1=8！！！

她所检测的这种矿物的放射性比其所含铀和钍的放射性要强得多。可她通过实验知道，这是不可能的呀。她不得不重新再做一遍实验，因为肯定是哪里出了错。

要是之前出过差错的话，那她肯定是又犯错了，因为结果还是一样。一遍又一遍……一遍又一遍，反反复复，她做了足足二十遍实验，但结果始终都是一样的。

那可能就只有一种解释了：这些矿石中肯定含有一种极其微量、之前没被发现的物质。这种物质的放射性比铀或者钍都要强得多。

所以呀，在 1898 年，就存在着一种人类完全不知道的东西。玛丽对布洛妮娅说："这种我解释不了的射线来自一种未知的元素……它就在那儿，只等着我们去发现呢！皮埃尔和我都确信它的存在，可我们跟那些物理学家谈起这事时，他们都觉得我们在实验中出了差错，还建议我们要更谨慎些。但我坚信我没有弄错。"

玛丽兴奋极了，因为那种未知元素最终可能会是什么呢？她曾经写道："生活对于我们每个人来说都不容易——可那又有什么关系呢？我们必须坚持不懈，对自己要有信心。我们必须相信，上天赋予我们才能，一定是有某种目的的，无论要付出什么代价，我们都必须实现那个目的。"

1898 年 4 月 12 日，玛丽·居里正式发表声明：

> 沥青铀矿和铜铀云母的放射性比铀本身要强得多。这个事实非常值得注意，它让我们相信，这些矿石中可能含有一种比铀活性强得多的元素……

她坚信这种新元素的存在，但她必须亲眼看到它，并且能够将它展示在人们眼前。在此之前，皮埃尔·居里就一直对妻子的工作充满浓厚的兴趣，还经常和她一起探讨。此刻，他放下了自己手头的工作，转而与她并肩作战，努力让那种隐藏的、神秘的元素大白于天下。从那时起，两个人、两双手就要与这个微小的东西展开较量了。玛丽已经发现并确定了这种元素的存在，这是她的功劳。在那之后，她和皮埃尔就平等地分担接下来要做的所有工作了。

他们选择了一种沥青铀矿来进行研究，因为它的放射性比里面所含铀的放射性要强四倍。不过呢，所有科学家都很清楚沥青铀矿里包含哪些元素。他们推断，这种还没被发现的东西的含量肯定极少，所以才逃过了那些细心的科学家的“法眼”。他们猜测，这种东西可能只占沥青铀矿的百分之一。然而，要是一开始他们就猜到这种东西其实只占百万分之一的话，那他们会怎么想呢？

他们开始将沥青铀矿分解成各种元素，然后测量每一种单独元素的放射性。随着研究的进行，很明显，放射性集中在沥青铀矿的两种化学成分中，也就是说，存在着两种未知的物质。1898 年 7 月，他们发现了其中的一种。

“你得给它取个名字。”皮埃尔对玛丽说。

各种念头在玛丽脑海中闪过。这个发现将会举世闻名，还会被所有国家记载下来。所以，她要以自己饱受压迫的祖国——波兰来给它命名。那些残暴的压迫者应该知道，波兰也能够为世界贡献瑰宝！她轻声对皮埃尔说出了这种物质的名字：“钋[①]。”

接着，她就回家了。做水果果冻，给女儿伊蕾娜洗漱、穿衣，在日记里记录宝宝的体重，还记录下宝宝正在长乳牙，已经能用手做出表示“谢谢”的手势了，而且还能说“咯咯，咯咯，走！”这样的话。

不过，假期到了。钋和尚未被发现的另一种物质被留在了那间潮湿的实验室里，而宝宝、自行车和这两位科学家则坐上火车前往奥弗涅的高山地区了。在那些有着宏伟大教堂的小镇之间，在那些顶部耸立着古老小教堂、形状奇特又尖峭的山峦之中，在那些休眠的火山旁边，有两个人一边漫步一边谈论着那种未知的物质——一种还没有

① 钋，英文为 Polonium，无论发音还是拼写都与 Poland——波兰相似，居里夫人以这种命名方式来纪念自己的祖国。

人见过的东西。他们从克莱蒙[①]望去，看到那座平坦的山丘，法国的第一位英雄韦辛格托里克斯[②]曾在那里让不可一世的恺撒[③]尝到了惨败的滋味。他们漫步在贝特朗·杜·盖克兰[④]长眠的小镇，这位名将让法国人第一次有了国家的意识。他们从高处俯瞰着一条最古老的道路——“锡之路”，腓尼基人[⑤]曾沿着这条路将锡从未开化的不列颠运往文明的东方。这一刻，过去的所有历史似乎都在他们周围鲜活起来，而在他们的脑海中，那种还未被发现的物质，如同一颗不安分的小星星闪烁着，它的力量对我们所有人来说，到现在仍然是个谜。

到了秋天，居里一家三口又回归到各自的“工作”中了：伊蕾娜继续长更多的牙齿，并且开始学着用两只脚走路了，而不再像之前那样手脚并用地爬来爬去；她的爸爸和妈妈则回到那间潮湿的实验室，去继续寻找那种神秘的未知物质。

1898年12月26日，在一篇提交给科学院的论文中，他们夫妻俩非常平静地宣布：“这种新的放射性物质中含有一种新元素，我们提议将其命名为‘镭’……镭的放射性一定非常强。”

---

① 即克莱蒙－费朗，位于法国中南部，是多姆山省的省会城市和奥弗涅大区的重要城市。

② 韦辛格托里克斯（公元前82年—公元前46年），高卢阿维尔尼人的部落首领，是反抗罗马统治的著名领袖。

③ 恺撒即凯撒大帝，是杰出的政治家、军事家、传奇英雄。

④ 贝特朗·杜·盖克兰（1320—1380），法国民族英雄，百年战争初期杰出的军事领袖。

⑤ 居住、活动于地中海东岸，大致在今天黎巴嫩和叙利亚沿海一带。

第十二章 黑暗中的一丝亮光

就这样，这个神秘而又有辐射的“陌生元素”便有了名字，但还没有人见过它的真面目，就连给它取名为“镭”的皮埃尔和玛丽夫妇也没见过呢。不像那些实实在在、大家都认可的物质，镭还没被人摸过、看过，没被装进瓶子里，甚至都没被称过重量。称重量这个事儿可太重要了。重量，也就是“原子量”，对科学家来说，是证明一种物质真实存在的关键。在皮埃尔和玛丽夫妇脑海中存在的这个东西，连他们自己都不知道它的原子量是多少。这在其他科学家看来，从科学角度来说，它根本就不存在。不行，皮埃尔和玛丽夫妇必须拿到镭，并称出它的重量。只有做到这一点，其他科学家才会相信镭真的存在。

居里夫妇心想：“镭就在沥青铀矿中，只是它的量太少，肉眼根本看不见。不过，要是我们能搞到特别特别多的沥青铀矿，并把里面所有的镭都提取出来，说不定我们就能得到一块大到能看得见的镭了。”

可居里夫妇要怎么做才能弄到真正大量的沥青铀矿呢？比如说，一百吨？就算真弄到了，他们要把这么多沥青铀矿放在哪儿呢？还有，就算他们有地方存放，他们又要怎么去提炼里面的镭呢？

科学家得一步一个脚印地前行。首先，他们得弄到沥青铀矿。他们知道哪里能找到大量的沥青铀矿，因为波希米亚人[①]就在用沥青铀矿制作漂亮的多彩玻璃。可这种东西价格高昂，而居里夫妇根本没什么钱。当然了，波希米亚人并不是直接用沥青铀矿本身来制作玻璃，他们是从中提取铀来制作玻璃，然后把没用的矿渣粉尘废料堆积在圣约阿希姆斯塔尔的森林里。居里夫妇说："镭和钋并不在铀里面，所以它们肯定在那些废弃的粉尘里。或许可以说服那些制造商们把他们的矿渣粉尘废料便宜卖给我们。"

"卖？"制造商们和气地说道，"要是你们愿意花钱把它运走，我们就把这些废料送给你们。"即便只是运输这些废料，费用也够高的了，但居里夫妇还是拿出了他们所有的积蓄，寄到了波希米亚。

这事儿就这么定下来了。那些矿渣粉尘废料很快就会运到，要装好几节火车车厢呢。可他们到底要把这些矿渣粉尘废料放在哪儿呢？

皮埃尔和玛丽夫妇去了科学的大本营——索邦大学。按理说，在那一大片楼房里，肯定能找到一间没人要的屋子，来存放他们那些既珍贵又让人兴奋的矿渣吧。可结果呢，根本没有！他们不得不回到自己所在的物理学院，可即便在那儿，也没能给他们腾出令人满意的地方。唯一可用的地方是院子另一头、离他们实验室不远的一个棚屋。那是个怎样的棚屋呀！玻璃屋顶都破了，一下雨就会漏水，要是有需要保持干燥的实验，肯定就被搞砸了。地上没铺地板，只有一块涂着劣质柏油的地面。除了一两张旧的厨房用桌、一块黑板、一个带有生锈铁烟囱的旧炉子，就没有别的东西了。夏天的时候，在里面干活的

① 现多指吉卜赛人，位于捷克共和国境内。

人会热得像在蒸笼里一样，因为屋顶是玻璃的。到了冬天，外面一结冰，屋里的人又会被冻得够呛，因为那炉子根本不供热。要是赶上下雨，他们还会被淋成落汤鸡。不过，这也没太大关系，因为这屋里没有通风橱，没法排走有毒的烟雾，所以他们大部分工作都得在室外完成。不过，俗话说“饥不择食，寒不择衣”，所以居里夫妇最终还是决定将就着用这个棚屋了。

那个重要的早晨来临了。几匹马儿拉着重载，挂着铃铛，脖子上围着尖尖的黑色毛皮项圈，拉着大大的运煤车在物理学院外面停了下来。也许它们会惊讶地环顾四周，看着那对急切的夫妇——他们没戴帽子，穿着科研工作服就冲了出来，欢呼雀跃地迎接着车上的货物。平常人们迎接煤炭可不会是这样的场面呢。

但车上装的不是煤炭，而是一袋袋棕褐色的粉尘。玛丽已经等不及让人把袋子搬进屋，就在大街上，在马儿们庄重目光的注视下，她兴奋地抓住一个袋子上系着的绳子，开始扯着解开它。这就是沥青铀矿啊！她的沥青铀矿！或者更确切地说，是沥青铀矿中关键的那部分。她的内心充满了好奇，她的眼睛，还有她那兴奋得微微刺痛、忙个不停的手指。终于，她能够将两只手伸进这来自波希米亚松树林的、呈棕色的黯淡粉尘以及松针之中了。镭，这个散发着神秘光芒的陌生元素，真的就在这里面吗？她能从这些粉尘中找到如星辰般闪耀的镭吗？玛丽下定决心要把它提炼出来，哪怕她得把这些堆积如山的灰暗粉尘都煮干、熬尽，也在所不惜。

第一吨装着粉尘的袋子被搬进了小棚屋，工作就这样开始了。这将是一项持续四年的工作，也是玛丽一生中最美好、最开心，同时也是最辛苦的四年。

在一个大铁锅里，她熬煮着那些粉尘，不停地用一根几乎和她自己一样高的铁棒搅拌着。她一天到晚都坚守在自己的工作岗位上，为了不中断手头的活儿，甚至连吃饭都在棚屋里。人们随时都可能看到她，头发在风中飘动，沾满灰尘的工作服上溅满了酸液，斑斑点点，还破破烂烂的，她不停地搅拌着那“脾气不好”的、难对付的“泥浆”。她选择了男人干的活儿——户外劳动这种艰苦的体力活儿，而皮埃尔则坐在屋里的桌子旁，试图通过精细、严谨的实验来探究镭的特性。有时候，她一次要处理四十多磅的粉尘，在棚屋里摆满了一罐罐的沉淀物和各种液体。她搬运沉重的东西，提起罐子把里面的东西倒进别的容器里，还不停地搅拌着那个沸腾着的大锅。

在棚屋辛苦劳作了一整天后，玛丽回到家还有照顾孩子的活儿要干。她给伊蕾娜洗漱，哄她上床睡觉，然后希望能脱身去和皮埃尔一起坐在书房里工作和学习。但伊蕾娜可不这么想。玛丽刚一转身，房里就传来一声声可怜巴巴的“妈妈”……“妈妈！”，于是玛丽只好又回去陪着她的宝贝，直到她睡着。皮埃尔对这事儿可不太高兴，他也想让玛丽陪陪自己呢。不过等伊蕾娜睡着了，夫妻俩就会一起坐在那儿工作和学习，一直到深夜。

当新的一天来临时，他们又继续工作了。镭到底在哪儿呢？难道他们永远都看不到它了吗？日子一天天过去，渐渐累积成了月；月复一月，一年多的时间就过去了；接着从第二年进入第三年，又从第三年迈向第四年。他们像在梦中一样地工作着，心里只想着一件事，嘴上也只说着一件事。“等我们真的看到它的时候，它会是什么样子呢？”有一天，玛丽趁着休息的一点时间，和皮埃尔在院子里来回踱步时问道。

“我希望它会是一种漂亮的颜色。”皮埃尔说道。

1900 年，一位名叫安德烈·德比埃尔内的法国化学家前来帮助他们。这位化学家发现了一种“同类”元素，他把它叫作“锕”。

一次又一次，高头大马拉着好几吨重的沥青铀矿废渣来到门口。玛丽每天都极有耐心地从废渣里提炼一种物质，这种物质里镭的含量越来越高。可镭还是藏着不见她，它自顾自地躲着，死守着自己的秘密。

他们有着超乎常人的耐心，可难题却纷纷向这夫妻俩涌来。她和皮埃尔既没有足够的钱维持生活，也没有充足的时间做研究。皮埃尔不得不承担大量教学工作才能挣到一年 240 英镑来维持生活，这就挤占了他们研究镭的时间，而且这些钱还不够支付他们的日常开销，也不够给伊蕾娜请保姆。于是，皮埃尔想在大学里谋个职位，这样他的工作能更有进展，收入也能更高一些。说不定在大学里，他还能拥有一间真正的实验室，里面配备电力设备，方便他做实验。而且这样一来，他白天就不用上那么多课，晚上也不用批改那么多作业，累得疲惫不堪了。

可倒霉的是，好职位可不总是留给那些工作最出色的人。这样的职位常常会落到校长的朋友手里，或者是那些特别会自吹自擂的人手里。有一次，出现了一个申请这样职位的机会，有人告诉皮埃尔，按照惯例，他得去拜访选拔委员会的每一位成员。他讨厌干这种事。他怯生生地按响门铃，求见委员会成员，被请进门后坐下。可等人家出来的时候，皮埃尔实在太腼腆了，结果他使劲儿夸赞起自己的竞争对手，对自己却只字未提。不用说，到了选举那天，当选的就是他的竞争对手了。

但为了维持生活，总得想点办法。皮埃尔设法在法国最著名的两所学校之一——巴黎综合理工学院谋得了一个年薪 100 英镑的卑微的助教职位，这样能多少增加点收入。

就在他谋得这个职位的时候，日内瓦大学向他提供了一个他梦寐以求的职位——在大学里当讲师，在那里他不仅能有一间漂亮的实验室，还能有他想要的所有仪器和设备。他接受了邀请，然后和玛丽一起去了日内瓦。但当他们到了那里以后，他们心里明白：他们不能舍弃巴黎，就是不能，绝对不能抛弃镭，那可是他们的“孩子”呀！不管巴黎怎么亏待他们，只有在巴黎，他们才能继续镭的研究工作。于是，皮埃尔满怀歉意地放弃了在日内瓦的这个很好的职位，回到了巴黎，回归了贫穷，也回到了继续研究镭的工作中。

接下来我们看到，这夫妻俩都很高兴，因为皮埃尔在物理化学与自然科学学院谋得了一个职位，而玛丽也获得了一个在塞夫尔高等师范学校教学的工作。能有玛丽·居里做她们的老师，那些年轻女孩们真是太幸运了。可令人遗憾的是，世人并没有意识到她正在进行的镭的相关研究工作只有她能做，而塞夫尔高等师范学校的课许多人都可以教。玛丽备课极其认真，也因此赢得了很多赞扬，因为她的课是那些女学生们所听过的最有创意、最吸引人的课程。但她每周要长时间乘坐有轨电车好几次，这让她很疲惫，也浪费了宝贵的时间；备课以及辛苦地批改作业也是这样。这就好比让伦勃朗[①]去给门柱刷漆一样。皮埃尔和玛丽都在把自己搞得疲惫不堪。他们到底还能不能见到镭呢？

玛丽也忘记了自己结婚后要好好吃饭的美好决心。“你们俩几乎都不怎么吃东西，”他们的医生给皮埃尔写信说道，“我不止一次看到居里夫人只啃两片薄薄的香肠，再喝杯茶就当一顿饭了。你们觉得，就算身体再强壮，可这样挨饿能不受影响吗？……我知道你们会找什

① 伦勃朗（1606—1669），荷兰著名画家。

么借口：‘她不饿，而且她已经长大了，知道什么对自己好。’她才不知道呢！她就跟个小孩子似的。我是以朋友的身份非常诚恳地跟你们说这些话。你们花在吃饭上的时间太少了……你们吃饭的时候可不能看书，也别谈论物理……”

人们会有这样一种印象，那就是皮埃尔和玛丽压根儿就没把医生的好心建议放在心上。在罗蒙街那个棚屋里，他俩一心想着要提炼出镭，其他的一切都不重要了。

有那么一阵子，皮埃尔提议，他们应该专注于研究镭的特性，先别费劲儿去找镭这种物质本身了，但玛丽根本听不进去。

玛丽离成功越来越近了。她已经不再熬煮那些未经处理的粗糙粉尘了。她已经从里面提取出了一种可以放在屋里的东西，这种东西虽然体积很小，却包含了之前那么多吨废渣里所含有的全部镭。要想对它做进一步的研究，玛丽需要更精密的仪器，还需要一间既没有灰尘也不潮湿，既不寒冷也不炎热，实验环境不会干扰到精确实验的科学实验室。可她没有这样的实验室，灰尘、炎热、寒冷、大风不断，这些总是会破坏她的实验效果，迫使她经常浪费时间和精力重新再来，但玛丽有着超强的耐心。

那是 1902 年。自从玛丽宣称可能存在镭这种东西，已经过去三年零九个月了。最后，她终于征服了这个散发着神秘光芒的陌生“家伙”。她从那些粉尘中看到了“星星”——她看到镭了！玛丽终于提炼出了十分之一克的镭。它有重量，原子量为 226，这得到了化学家们的认可。他们都对玛丽对镭的研究表示折服。

有一天晚上，玛丽和皮埃尔正坐在家里，伊蕾娜已经被哄上床睡觉了。这个四岁的“小公主”总算同意闭上眼睛，让妈妈回到皮埃尔身边，好继续把给“小公主”做的小裙子做完。伊蕾娜所有的衣服都是妈妈做的。突然，玛丽放下手里的活儿说道："咱们回实验室看看吧！"

他俩特别想再去看看镭。夫妻俩对镭的渴望就好像镭是他们刚出生的小宝宝一样。他们喊了一声，告诉居里爷爷他们要出门，然后便手挽着手，穿过熙熙攘攘的街道，经过他们所在的这个并不繁华的街区的工厂，一路来到了罗蒙街，来到了他们的那间棚屋。

"别开灯。"玛丽说道，"你还记得那天你说希望镭能有漂亮的颜色的事吗？"

在那间棚屋的黑暗中，镭有着比颜色更迷人的东西。它会发光！

"快看！快看！"玛丽一边轻声说道，一边摸索着走到一把椅子跟前坐下，目光环顾着四周。

在这漆黑的屋子里，有一个个微小的光点，就像淡蓝色的月光在水面上舞动，这些光点一直闪个不停。桌子上、架子上，都闪烁着那些奇特又神秘的亮光。在那些小小的容器里，镭终于现身了！在黑暗中，它靠着自身发出的光芒而显现出来。

第十三章
绝不售卖

全世界都为居里夫妇的发现而激动、兴奋！因为一种全新的东西进入了人们的日常生活，它改变了人们对很多事物的看法。不只是科学家们在谈论镭，孩子们在放学回家的路上也在讨论它呢！长久以来，女人们一直感到很失落，因为所有重大的发现都是男人们获得的，而现在她们大声欢呼，因为终于有一个女人发现了奇妙的新事物。不过，刚开始的时候，谁也没想到镭会如此神奇！

盈箱溢箧的信件从英国、丹麦、德国和奥地利等各国著名学者那里邮寄到居里夫妇手中，向他们询问有关这项新发现的信息。世界各地的科学家都开始着手研究镭，发现了更多关于它的特性，以及和它相关元素的特性。两位英国人，拉姆赛[①]和索迪[②]，发现镭自身会释放出一种少量的新气体，他们把这种气体叫作“氦气”。换句话说，镭具备转化为氦气的能力。这可太让人吃惊了！

科学家们总爱嘲笑中世纪的那些炼金术士，因为那些炼金术士相信自己能把铁变成金子。炼金术士那神秘而又烟雾缭绕的洞穴，就

① 威廉·拉姆赛（1852—1916），英国化学家，1904 年获诺贝尔化学奖。
② 弗雷德里克·索迪（1877—1956），英国化学家、物理学家，1921 年获诺贝尔化学奖。

是一幅描绘不可能实现的梦幻图景。科学家们曾说，物质就是它们本身，有着各自的化学成分和原子量。而如今，他们不得不面对这样一个事实：镭能自己生成氦气。他们也开始好奇，或许还有其他事物也可以制造出新的物质呢。说不定那些炼金术士的鬼魂正在嘲笑这些科学家呢！

不管怎么说，把铁变成金子这件事比起镭所能展现出的神奇之处，也算不上什么了不起的壮举了。镭看上去就像普通的食盐，但它的放射性却是铀的两百万倍。它释放出的射线能够穿透除铅之外的每一种固体金属。它还有个如影随形的“伙伴”——一种极为活跃的物质，即便被密封在玻璃管里，它一天之内也会损耗自身的四分之一。它自身能够产生热量，产生的热量足以在一小时内融化与它的自身重量相等的一块冰。如果不让它接触寒冷的环境，它会变得比在白天还热。如果把它密封在玻璃管里，它会使玻璃变成淡紫色或紫罗兰色。要是用纸张或者棉花把它包裹起来，它会把这些东西腐蚀掉。要是在黑暗中没有蜡烛，它发出的光就足够供你读书的了！

镭最奇妙的特性之一就是，它甚至都不会独占自己发出的光，而是会将光传递给任何挡在它行进路线上的东西，尽管这种“慷慨”常常会带来极大的不便。

镭突然对人类的事情表现出了兴趣，因为它能让真钻石发光，却对人造钻石不屑一顾。买钻石的人可以利用它来检测自己所买的钻石是真的还是假的。

可怜的玛丽发现，镭在她实验里到处“捣乱”，这太让人心烦了。不管什么东西只要放在装有镭的试管附近，就会变得具有放射性。镭会把自己发出的光亮传递给空气、灰尘、玛丽的衣服、她的仪器，还有她的笔记本。即便在玛丽去世很久之后，她的那些笔记本依然保留着它们当初无法拒绝而沾染的光亮。

科学家们可能喜欢自己的观点被打破，所以在镭这个“新生儿”诞生后的最初那几年，对他们来说一定是一段快乐的时光。这种奇特的镭不仅能自身产生一种新元素，而且那种新元素又会生成新的东西，就这样循环下去。这些放射性元素形成了一个奇妙的“家族”。在这个“家族”里，每一个成员都是由它的“母体”物质转变而来的。

但科学家们受到的冲击还远不止这些。他们发现，每种放射性元素都会在特定的时间内损耗自身的一半，这个时间总是固定不变的，而且这个时间很长，长到我们根本不用担心将来有一天会失去这些放射性元素。铀要损耗自身的一半需要几十亿年的时间，几十亿年呢！而镭损耗自身的一半则只需 1600 年，但它所产生的那种“伴生物质”只需四天，这种“伴生物质”所生成的“子物质”仅需几秒就能损耗自身的一半。

你可以看着镭，看着它静静地躺在那儿，然而，当你盯着它的时候，你要知道，它那些奇特的子元素“小家伙们”正在诞生，有的会被“杀死”，有的会“自杀”，又或者只是在相互碰撞呢。

随后，这个活跃的陌生“家伙”身上突然又发生了全新的状况，好像之前发生的事儿还不够多似的。皮埃尔仍在继续探究，结果被镭给灼伤了。他手上的皮肤变红了，但一开始并不疼。后来，皮肤变得更红了。到了第二十天的时候，就像普通烧伤一样，皮肤上结了一层痂，接着出现了溃疡。到了第四十二天的时候，溃疡的四周边缘就开始愈合了。

后来，玛丽发现她的镭也把她给烧伤了，尽管她没想让自己受伤。因为镭是装在玻璃管里的，而且玻璃管又被放在一个锡盒里。

再后来，他们的朋友贝克勒尔把一玻璃管镭放在自己上衣口袋里带回家时，也被严重灼伤了。

“看看你发现的这个讨厌的小家伙呀，”他对玛丽大声说道，“它（镭）为什么要灼伤我呢？我喜爱这东西，可我现在得跟它好好‘理论理论’了。”玛丽其实也该跟她所心爱的这个东西“理论理论”了，因为她的指尖疼得厉害，皮都掉了！

但很快，人们开始对镭造成的灼伤另眼相看了，因为这些被灼伤后的伤口愈合得非常好。医生们对镭产生了极大的兴趣。他们利用镭去灼除那些病变严重的皮肤，等灼伤处愈合后，病症也随之消失了。全世界开始燃起了一个狂热而宏大的希望。说不定还可以设法运用镭把癌细胞灼除掉呢。

不管怎么说，镭已经被证明很有用。人们都想买它。玛丽从八吨沥青铀矿中提炼出了一克镭。这一克镭价值三万英镑，但它是非卖品。玛丽活着的时候会好好珍惜它，等她去世后，就把它留给自己的实验室，当作多年艰辛工作和伟大胜利的珍贵象征。

一个星期天的早晨，皮埃尔和玛丽正坐在凯勒曼大道的家中，邮递员送来一封信，信上贴着美国邮票，是给皮埃尔的。他仔细地读了信，然后把信折好，放在了书桌上。

“我们得谈谈，”他说，“关于镭这件事。它将要被大规模生产了。布法罗[①]那边有人写信来打听镭的相关信息呢。”

“嗯？”玛丽有点儿不耐烦了。

“嗯，我们可以选择……我们可以非常公开、坦诚地描述我们所有的成果，还有制取镭的方法……”

---

① 布法罗又称“水牛城”，是美国纽约州西部伊利湖东岸的港口城市，是纽约州仅次于纽约市的第二大城市。

“那当然了。”玛丽微笑着说道。

“或者,”皮埃尔没有理会玛丽的打岔，接着说道，“我们可以把自己当成这项知识的主人——镭的发现者。如果我们这么做的话，在公布从沥青铀矿中提取镭的方法之前，我们得去申请专利，然后从全球镭的生产中获取利润。”

他说这话时，他们俩都十分清楚，只要他们愿意这么去做，巨额财富就将归他们所有。一项关于镭制造工艺的专利将会给他们提供足够的资金，来建造一座大型实验室，还能买镭来做研究。要是他们有钱了，他们能做多少事呀!

玛丽想了一会儿，然后说道:“那可不行，那样做不符合科学精神呀! ”

皮埃尔表示赞同，但他让玛丽再仔细考虑一下，因为这个决定一旦做出，就没法再更改了。他提醒玛丽想想他们俩都梦寐以求的实验室，还有他们女儿的未来，玛丽确定自己不想变得富有吗?

玛丽知道科学家们一直以来的优良传统，像巴斯德他们所一直遵循的那样。于是，她说道:“物理学家们总是会公布他们的研究成果。我们的发现能赚钱，这只是一种巧合。我们不能利用这样的巧合去谋取私利。况且镭将来是要用来帮助病人的。对我来说，要从镭身上谋取任何利益，简直是不可能的事。”

皮埃尔又一次表示赞同，卖掉他们关于镭的知识是违背科学精神的。就在当天晚上，他就写信给那些美国人，提供了他们想要的所有信息。

就这样，皮埃尔和玛丽永远放弃了可以让他们成为百万富翁的机会，没有丝毫后悔。他们的镭是不售卖的。科学精神将镭赋予了他们，也赋予了全世界。无论这世间的风气变得多么低俗，人们依然热爱那种无私地、毫无保留地将所有知识无偿奉献给所有人的科学精神。在原本可以选择财富的时候，玛丽和皮埃尔选择了清贫，随后他们骑上自行车，像往常一样，穿行在夏日的树林中，采集野花装点房间。

第十四章 黑暗

玛丽和皮埃尔声名远扬了。法国给他们颁发了奖励，英国还向他们发出了邀请。他们从法国带了一份礼物给英国朋友开尔文勋爵，那是装在一个小玻璃瓶里的一小粒镭。开尔文勋爵开心得像个孩子一样，把这一小粒镭展示给科学界的朋友们观看。皮埃尔要去皇家学会做关于镭的讲座，而玛丽将成为有史以来第一位被准许参加这种严谨且卓越的学会会议的女性。皇家学会从来没有举办过这么令人愉快的讲座，因为皮埃尔让神奇的镭在庄重的集会上向一群学识渊博的英国绅士们展示了它奇特的“本领”。皇家学会的人都被迷住了，整个伦敦的人都热切地想看看镭的“父母”（这两位发现者）。人们为他俩举办了宴会，那些贵族和有钱人佩戴着钻石首饰，浑身珠光宝气。他们惊讶地注视着这样一个奇特的存在——玛丽，一位女科学家。她参加晚宴时，就穿着一件朴素的黑色晚礼服，身上没有一件珠宝饰品。她的手因为接触酸液留下了疤痕，连戒指都没戴。但她看上去丝毫不比这些人逊色——她身材苗条，面容透着灵气，宽阔而苍白的额头下有着一双炯炯有神的眼睛。玛丽自己挺喜欢周围这华丽的场面，但她有点惊讶地发现，平时对这些不太在意的皮埃尔，这次似乎也沉浸在这令人眼花缭乱的场景之中了。

“珠宝难道不漂亮吗？”玛丽问他，“我以前做梦都没想到，世上还有这么好看的珠宝呢。”

皮埃尔笑了起来。“你知道吗，”他说道，“吃晚饭的时候，我脑子没别的事可想，就花时间算了算，那些珠宝的价钱能建造和装备多少间实验室呀！”

没错！居里夫妇当然是“与众不同”的。他们那么了解一种能自行发光的物质，却对镶有宝石的反光物件一无所知。当英国皇家学会授予玛丽戴维奖章的时候，他们甚至都不知道该怎么处置这枚金奖章。皮埃尔把它当作一个绝对安全、还能咬着玩的小玩意儿，送给了伊蕾娜——她喜爱极了。

他俩更不知道该如何应对名声、人群、掌声以及记者了。玛丽面对这些只会感到痛苦。

1903 年 12 月 10 日，玛丽、皮埃尔和亨利·贝克勒尔共同获得了诺贝尔物理学奖。玛丽是第一位获得这一光荣奖项的女性，可她并没有流露出丝毫激动的情绪。但她为奖项中真正有意义的部分而高兴：即同行科学家们对她工作的认可，以及手头有了些钱可以支配的那种小小的满足感。然而，随之而来的那些浮华、虚饰、名声，陌生人寄来的祝贺信，索要签名的请求，摄影师和记者要求采访的邀约——这些都是她所反感的。“我真想把自己藏起来，好得到一点安宁。”她写道。

她很乐意把奖金花出去，而她花钱的方式展现着她的真诚与魅力。她把一部分奖金存进了银行，这样一来，靠这笔钱带来的收入便可以雇人来实验室帮忙，也能让皮埃尔辞去在物理学院的教学工作，从而有时间做研究。她给德卢斯基夫妇在波兰创办的疗养院送去了一份厚礼。她给皮埃尔的哥哥以及自己的姐妹也都赠送了礼物。她向一些科学团体交纳了会费。她帮助了一些波兰学生、她实验室里的助手，以及一个身处困境的塞夫勒姑娘。接着，她想起了自己以前在波兰的一位法语老教师，这位老师有一个美好却难以实现的梦想——就是能再到她心心念念的法国看上一眼。玛丽给她写了信，寄去了旅费，还邀请她过来和自己住在一起。这位老妇人因为这份意想不到的巨大惊喜，高兴得哭了。最后，玛丽给自己也准备了份礼物——在她位于凯勒曼大道的家中装了一间现代化的浴室，还为其中一间客厅换上了新壁纸。

哎呀！有些人可真糊涂！他们不去筹集资金建个实验室，好让居里夫妇能进一步探究镭的奥秘，反而净浪费玛丽的时间——玛丽为了能不受打扰地回到自己家，竟不得不在大街上和他们玩起了“捉迷藏”游戏！他们还把居里夫妇家里那些他们非常珍视、想保留的生活小细节，全登在报纸上，就连伊蕾娜跟保姆说的儿语，还有屋顶上小猫的颜色都不放过。玛丽大声说道：“他们妨碍了我们的工作。我们的生活被荣誉和光环给破坏了！”她这话是发自肺腑的。她生性羞怯，又十分忙碌，而那些不明事理的人们真的快把她闹腾出病来了。

有一次，居里夫妇和法国总统一起吃饭时，一位女士走到玛丽跟前，问她是否愿意被引见给希腊国王。“我觉得没这个必要吧。”玛丽轻声说道。接着，她一眼扫过去，猛然间意识到，这位女士是卢贝夫人——总统的妻子，而且夫人显然也非常惊讶。“当然……当然，自然是，只要您喜欢，让我做什么我都乐意效劳。”玛丽结结巴巴地说道，脸也红了。对很多人来说，见到国王是件很开心的事，可玛丽不一样。她疲惫不堪，又正值青春年华。她渴望能休个假，就想开开心心、自由自在的，以及做个平凡的妈妈、普通的妻子。她盼着伊蕾娜的百日咳能快点好，别再拖上好几个月，也希望皮埃尔的病别再那么让她担惊受怕。自从20年前她在波兰跳过舞之后，她的生活就只剩下工作了。她从来没有像现在这样渴望过能休息一下，什么都不做，忘掉自己是大名鼎鼎的居里夫人，重新变回单纯的玛妮娅，吃好多好多草莓，睡大觉，什么都不用干。

但皮埃尔却很着急。还有好多工作要做呢。他无法理解玛丽那种想要度假的心态——那太女孩子气了，也太不符合科学精神了。他告诉玛丽，他们必须全身心地投入到科学研究当中，玛丽听他的话。她一直都听他的话。可玛丽实在是太累了，累到她甚至都不想要自己刚出生的小女儿伊芙了。“可怜的小家伙啊，”她说，“你不得不生活在这么艰难的一个世界里。”那些总是追着他们、纠缠他们的人竟然把玛丽所有的快乐和勇气都夺走了，甚至连玛妮娅身上的那些都不放过，这真的是一件残酷的事。

不过小女儿伊芙的到来对玛丽倒是有好处，因为她非常喜欢刚出生的小宝宝。伊芙的到来，让玛丽不得不休了一个月的假期。伊芙有着乌黑的头发和蓝色的眼睛，与长着一头金发和淡褐色眼睛的伊蕾娜完全不一样。伊芙如果不愿意躺在摇篮里，就会用大声哭闹来表示“抗议”。玛丽可不是那种任由孩子哭闹不管的“模范”妈妈，而是个心软的妈妈。她总会把小伊芙抱起来，走来走去哄着，直到孩子睡着。

就在伊芙出生前不久，巴黎大学给了玛丽一项不一般的特殊权利——有权在皮埃尔的实验室里工作。其实，她一直都在那儿工作，可突然间巴黎大学如梦初醒般地给她安排了一个职位，让她能够名正言顺地在那儿工作——在居里先生手下担任“物理实验组织员”，年薪96英镑。巴黎大学承认了一件其他人早就知道的事，那就是居里夫妇一直都是一起工作的。他们所有的时间、想法以及工作成果自然而然都是一起分享的，就好像他们是一个开心的“合体人”一样。

1905 年 6 月，皮埃尔和玛丽去了美丽的斯德哥尔摩。在那儿，皮埃尔要以他们夫妇二人的名义，就获得诺贝尔奖发表演讲。他把瑞典描绘得十分迷人，说它是由众多湖泊和峡湾组成，周边环绕着一小片干涸的陆地。他们夫妇尽情享受着这片广袤空间里的宁静，这里没有拥挤的人群，当地人彬彬有礼，不会纠缠他们，也不会给他们造成压力。

不过，玛丽有时也会和陌生人交朋友。有一位美国芭蕾舞演员叫洛伊·富勒[①]，她会运用奇特的灯光效果让自己的舞蹈变得更加优美。她写信给玛丽，询问如何利用镭来照亮她的“蝴蝶翅膀”。听了这个疯狂的想法后，皮埃尔和玛丽都笑了，但还是非常温和地给她回了信，向她解释了镭这种奇妙的东西。洛伊回信说，她只有一种方式来感谢他们的回信——那就是到他们家里，为他们跳舞。居里夫妇接受了这份不同寻常的谢意。到了约好的那天，他们家门口出现了一个长相奇特的女孩，她有着一双浅蓝色的眼睛，还带着一伙电工。电工们忙活了一整天。到了晚上，居里夫妇家的餐厅被改造成了一个满是奇幻灯光的仙境。洛伊翩翩起舞，一会儿像燃烧的火焰，一会儿像盛开的花朵，一会儿像展翅飞翔的鸟儿，一会儿又像张牙舞爪的女巫。

这位来自小小音乐厅的舞蹈演员成了居里夫妇的好朋友，还带着他们俩去认识她的朋友，伟大的雕塑家罗丹[②]。在罗丹的工作室里，在石膏模型和大理石雕像之间，科学家、雕塑家与舞蹈家坐在一起，彻夜长谈。

---

① 洛伊·富勒（1862—1928），美国现代舞先驱，其舞蹈风格别具创意。

② 罗丹（1840—1917），法国雕塑艺术家。

接着，1906年4月到来了。法国4月的炽热的太阳，牵引出了紫罗兰的芬芳。紫白相间的紫罗兰把谢弗勒兹山谷的树篱装点得五彩斑斓。玛丽、皮埃尔，还有伊蕾娜和伊芙，他们一家人正在度假呢。傍晚的时候，他们去农场取牛奶。小伊芙像个滑稽的小演员，在干巴巴的车辙印里摇摇晃晃地走着，逗得大家哈哈大笑。清晨，皮埃尔和玛丽骑着自行车，穿梭在树林中寻觅花朵，还再次到了他们蜜月旅行时曾去过的那个水塘。但此时水塘里已经没水了，里面的睡莲也不见了，不过开着黄花的芦苇还在，依然环绕着那片泥地，好像给水塘戴上了一顶鲜亮惹眼的王冠。玛丽和皮埃尔溜达着回家，从那些低洼小路上的路堤边采了些紫罗兰和浅蓝色的长春花。

又有一天中午，他们躺在阳光下，做着美梦，而伊蕾娜则拿着绿色的网兜追逐着蝴蝶，还不时高声呼喊和欢快尖叫，招呼着他们。

“和你在一起，生活真美好，玛丽。”皮埃尔轻声说道。

然后，吃完晚饭，皮埃尔就坐着火车去巴黎工作了，随身带着他们在水塘边采摘的黄色毛莨花。其他人在第二天也去跟他会合了。而4月，就像它惯常的样子，变得又湿又冷。

玛丽和孩子们回家后的第二天，也就是1906年4月19日——那是个潮湿的日子，街道泥泞湿滑，天空阴云密布，一片昏暗。皮埃尔在城里有好几件事要忙活；而玛丽呢，度完假回到家后，得把家里收拾整齐，而且在城里也有不少事要办。她跑来跑去，虽然忙忙碌碌，但也开开心心。六点钟的时候，玛丽回到了家门前的台阶上，她很高兴又回到了家，满心期待能见到皮埃尔，然后开启又一个与他一起做科学计算的美妙夜晚。

玛丽推开客厅的门。三个男人站起身来，立在那里，神态中满是深深的敬意。这一刻，仿佛她就是女王一般。但从他们的眼神中，她读出了一种可怕的怜悯。她的老教师保罗·阿佩尔不得不告诉她，皮埃尔在街上滑倒了，一辆重型运货马车的轮子压碎了他的脑袋。

“皮埃尔死了？……死了？真的死了？”她问道。

伊芙长大后，在她所写的关于母亲的美好传记中告诉我们，从玛丽说出“皮埃尔死了”这句话的那一刻起，一件孤独与隐秘的“斗篷”就包裹住了她。从那个 4 月开始，她便永远成了一个离群索居、孤独寂寞的人。

第十五章
不管发生什么

玛丽生来就有着非凡的勇气。她一生都不得不凭靠自己的这份勇气，而这份勇气也因她的人生经历而愈发强大，从不会辜负她。而且，她曾真心爱过一个伟大的男人——皮埃尔。在她的世界崩塌时，皮埃尔给她留下的一句话，让她一直铭记在心并遵照执行。“不管发生什么，”有一天，他们谈到死亡时，皮埃尔曾这样说，“不管发生什么，即便一个人可能会变得像一具空壳，灵魂已然死去，也仍然有责任继续工作下去。”所以，幸运的是，玛丽必须继续工作。当有人提出给她一笔抚恤金时，玛丽拒绝了。她说自己还年轻，能挣钱养活自己和孩子们。

她找到了一种奇特又能给自己带来些许慰藉的小方法，这让我们越发觉得她可亲可爱。她写日记时就好像是在跟皮埃尔说话：

他们提出让我接替你的位置，我的皮埃尔：你教授的课程，还有你实验室的管理工作。我答应了。我不知道自己做得对不对。你常常跟我说，希望我能在索邦大学开设一门课程。而且，我至少想试着继续你的工作。有时候，这似乎是继续生活下去的最容易的办法；可有时候，我又觉得自己接下这项工作太傻了。

1906年5月7日：

我的皮埃尔，我每时每刻都在想你，满脑子都是你，我都快失去理智了。我无法接受，自己将不得不在没有你的陪伴下活下去。我再也不能对着我亲爱的人生伴侣微笑了。现在树木已经长出叶子两天了，花园很漂亮。今天早上，我在欣赏花园里的孩子们。我就在想，要是你在，肯定也会觉得他们特别漂亮，而且你肯定还会叫我过去，指给我看那些盛开的长春花和水仙……

1906年5月14日：

我想跟你说，他们提名我接替你在索邦大学的物理学教授职位了，竟然还有些人傻到因为这事来祝贺我。

玛丽还没有被悲痛完全击垮，但她对那些愚蠢的人感到十分愤怒。

之前从来没有一位女性获得过在索邦大学担任教授职位的荣耀，也就是说，在任何学科领域里，都不曾有过女性被任命为教学团队的负责人。但在当时的法国，没有哪个男人有能力接手皮埃尔的工作。所以，这份工作自然而然就落到了玛丽身上。在当时活着的科学家中，只有她具备从事这项工作的天赋。她下定决心，要让自己教授的课程配得上皮埃尔。于是，她把孩子们送到了乡下，而自己则整个夏天都留在巴黎，钻研皮埃尔所研究的课题，整理皮埃尔的笔记。

她需要另找一所房子，于是决定搬到索镇去住，因为皮埃尔就葬在那里。孩子们的爷爷有点儿担心，怕她搬到小一点的房子里以后就不想和自己一起住了。可这事他又怎么好意思问出口呢？玛丽也有点儿担心，既然皮埃尔已经不在了，公公可能就不想和她这个儿媳一起生活了。最终，老人还是鼓起勇气问出了这个棘手的问题：“玛丽，既然皮埃尔已经不在了，你也没理由再和我这个老头子一起生活了。我完全可以去和我的大儿子一起生活。但这事得由你来决定。”

“不，得由您来决定，”玛丽轻声说道，“如果您不跟我一起生活了，我会很难过的。但您得选择您更愿意做的事儿。”

“玛丽，我更愿意做的，就是一直和你待在一起。”

这一天终究还是来了，玛丽不得不再次走出家门。每个人都怀着温情与敬意对待她的悲痛。而她要去面对外面的世界，在那里，她现在是一位备受瞩目、声名远扬的寡妇。她知道，各大报纸都在呼吁索邦大学改变规定，让她在大阶梯教室里授课，这样成千上万的人就能聆听这位索邦大学第一位女教授讲课了。或许她很庆幸索邦大学是世界上最保守的地方之一，它不太可能改变规定。她听说，那些赶时髦的人都想亲临现场，他们一直在讨论她会讲些什么，会怎么提及她的丈夫，因为按照学校的惯例，每一位新上任的教授都要赞扬自己的前任。按照惯例，同样还得感谢部长，感谢学校。

到了她第一次授课的那天，一大群人都在等着，就像一群猛禽一样，想听一听玛丽讲些感人的话，或许还能看到她情绪崩溃的样子。那是一间小阶梯教室，但里面挤满了人。那些真正来学习的学生被挤得东倒西歪，甚至被挤出了座位。

玛丽在震耳欲聋的掌声中快步走进教室。一安静下来，她便接着皮埃尔中断的地方，开始深入浅出地讲授高等物理学课程：“当我们回顾过去十年里物理学所取得的进展时，会惊讶地发现，我们对于电和物质的看法发生了很大变化……”

听众们确实很惊讶，不过令他们惊讶的不是关于电的看法，而是其他方面的内容。他们原本是去看一场“表演”的，结果却见到了这样一位女士——她不是在“作秀”，她是一个特别真诚的人，比起关心自己，她更关心自己的工作。听众们被打动了。泪水涌上了他们的眼眶。玛丽谈到了电结构的新理论、原子的分裂以及放射性物质。这场讲座完全是讲给学生们听的，结束时，她就像进来时那样，迅速而又平静地离开了教室。

如果说之前玛丽的工作已经够辛苦的了，那现在就变得更辛苦了。她得想想怎么教育好两个年幼的女儿。她不仅要在实验室里进行科研探索，还要在索邦大学讲课，还得打理家里和花园的事情，而最重要的是，她自己还有一项特殊的工作要去做。她得想方设法建一座实验室来纪念皮埃尔，那将是一座非常漂亮、非常完美的实验室——必须是皮埃尔连做梦都想拥有的实验室。

在索镇的新房子里，伊芙和伊蕾娜和她们那蓝眼睛的爷爷一起玩耍。爷爷教伊蕾娜认识植物、自然界的演变和诗歌，还帮她开垦了属于她自己的一小块花园，种上了适宜的花儿；伊芙则在草丛中和她的宠物龟交上了朋友，她还会和那只黑猫或者虎斑猫嬉闹玩耍。

而玛丽每天一大早都会迈着她那轻快、干练的步伐，匆匆忙忙赶去搭乘开往巴黎的火车，直到晚上点灯的时候才回到家。孩子们每天不太能见到妈妈，不过她们每一天的生活都是由玛丽来精心安排的。每天早上一开始，她们都得学习一个小时。伊蕾娜喜欢算术，而伊芙喜欢音乐。学完之后，不管天气怎样，她们都要出去散步，然后去上她们都喜爱的体育课。之后呢，她们会去做饭、做手工模型、缝缝补补，或者打理花园。要是在周六、周日，或者放假的时候，她们就会和妈妈一起出去骑自行车或者游泳。玛丽希望她们姐妹俩身体强壮、胆子大，不许她们害怕黑暗、害怕出意外、不敢爬高、不敢骑马、不敢接触动物，什么都不许怕。她们应该勇敢无畏，还要有法国人的气质。玛丽教两个女儿波兰语，但不想让她们俩像自己曾经历过的那样，因为觉得自己分属于两个国家，而且其中一个还饱经苦难、受人迫害，而感到不开心。不过，有一件事玛丽没教她们——那就是在社交场合中，怎么欢迎陌生人，怎么表现迷人魅力的本领。在这些方面，两个孩子根本没什么机会练习。

玛丽不想让自己的孩子课业负担过重，要知道，法国学校的学习时间是很长的，有时候要在学校待六个小时，回到家后还得做三个小时的家庭作业呢。玛丽经常和她在大学里的朋友们讨论这个话题，于是她们决定把孩子们集中起来，由她们亲自来教。这真是个绝妙的主意！那些幸运的孩子们每天只需要上一堂课，而这堂课还是由全巴黎最好的专家来上的！第一天上午，孩子们要去索邦大学的实验室，由让·佩兰[①]教他们化学。有家报纸调侃说“索邦大学还没被炸飞呢，不过，我们还没完全失去希望”。第二天，孩子们会去乡下，由保罗·朗之万[②]教他们数学；再下一天，孩子们要去雕塑家马格鲁那儿学习做模型；还有一天是跟一位现代语言文学教授学习；而到了星期四下午，就由玛丽·居里在物理学院教他们物理。真是些幸运的小家伙呀！

在那个庄严的地方，以前可从没听过这么轻松有趣的课呢。孩子们把沾满墨水的自行车滚珠放在倾斜的白色板子上，亲眼观察滑落物体形成的曲线。要不呢，玛丽就会问他们一些费脑筋的问题，比如：“我要怎么做才能让这个锅里的液体的热量保持住呢？”

“用羊毛把它裹起来。”一个孩子说道。

---

① 让·佩兰（1870—1942），法国物理学家，1926 年获得诺贝尔物理学奖。
② 保罗·朗之万（1872—1946），法国物理学家。

“让它和外界隔开。”另一个孩子提议道。

玛丽微笑着说：“我呀，会先把锅盖盖上。”

然而，遗憾的是，孩子们的父母总得忙于挣钱养家，根本没时间给孩子们长期上那些有趣的课程。那些趣味十足的课程就这样中断了。伊芙和伊蕾娜去学校上学了，不过那里的上课时间不像大多数学校的那么长。她们长大后回忆说，从那些早期的课程中，她们学会了热爱工作，看淡金钱，并且变得非常独立，相信自己能够克服任何困难。

在实验室众多新的研究成果当中，玛丽有一项特别了不起的成果。有一次，她和安德烈·德比埃尔内成功地制出了金属镭。在那之前，她只制出了镭的盐类化合物。但他们只成功了那一次。后来，他们自己也好，别人也罢，都再也没能制成功过。

1911 年，玛丽被授予诺贝尔化学奖。在她之前，从来没有人获得过两次诺贝尔奖呢。

人们原本认为，全世界都会为她这位杰出的科学家感到骄傲，也会把她当作一位历经苦难的女子而温柔相待。不幸的是，有一种奇怪的弊病，会让某些人一听说有人特别成功或者特别漂亮时，就会变得很残忍。玛丽两者兼备——既成功又漂亮。突然之间，有人开始给她写匿名信，编造各种离奇的谎言来诋毁、污蔑她，指责她做了一些她做梦都没想过的坏事。她的朋友们想办法保护她，可对付那些躲藏起来的敌人太难了。他们觉得，对她最好的保护就是让科学院公开授予荣誉，吸纳她成为院士。这本就是她应得的，只是在这之前从来没有哪位女性会成为科学院院士。那些说谎的人千方百计地阻止这次推选。这些人甚至使出卑鄙手段，把一张伪造的假选票塞到玛丽的盲人朋友手里——这样看起来就好像玛丽的朋友也在反对她当选一样。科学院就这样以一票之差拒绝了玛丽，而这也成了她永远的“耻辱”。

玛丽因为那些谎言的影响，内心感到非常痛苦。有一段时间，她不得不借用姐姐的名字来躲避那些对她有敌意的人。她向来光明磊落，可那些躲在暗处的人对她的攻击，让她生病了。这几乎摧毁了她那出了名的勇气，但并没有完全摧毁。她病得很重，痛苦不堪。外科医生说做一个手术就能让她摆脱痛苦，可她却让医生们等她参加完下一届物理学大会再说。是的，她的勇气依然还在。

后来，在玛丽还在生病的时候，有一件重大的事情摆在她面前，需要她做决定。她很累，本不想再费脑筋思考了，可波兰已经决定要在华沙建造一座大型放射性实验室，还邀请她去当负责人。她是多么渴望接受邀请啊！这是多么诱人的邀请啊！有人告诉她，波兰需要她，她的祖国正日渐消沉，正需要做些事让它重新找回信心呢。

但是很多年以前，玛丽就已经做出了决定，尽管她深爱着波兰，可她更爱皮埃尔·居里。她现在还是更爱皮埃尔，而波兰和皮埃尔依然在将她往相反的方向拉扯。如果玛丽去了波兰，她就不得不放弃建造皮埃尔生前梦想的实验室。要是她不在法国，皮埃尔的梦想就永远实现不了。玛丽难过地拒绝了波兰的邀请。

不过，波兰那边坚持让她远程指导这座新建的实验室的工作，还邀请她去参加新大楼的落成典礼。在那次访问期间，许多令人激动的事情发生在玛丽身上。首先，她用波兰语发表了一场关于科学的演讲，这是她这辈子第一次用母语来发表科学方面的演讲。其次，她参加了一场在博物馆里举行的盛大典礼，这个博物馆就是她第一次做物理实验的地方。还有啊，在一场波兰女性为她举办的宴会上，她发现了自己就读的第一所学校的老校长。玛丽赶忙穿过人群，走到那位老太太跟前，在她两边脸颊上都亲了亲。那位老校长一想到自己教过的“女学生”毫无疑问已经是世界上最著名的女性了，心里是多么高兴啊！

玛丽赢得了一个假期。她打算背着背包去瑞士徒步旅行，还要教伊芙和伊蕾娜爬山，以及如何恰当地应对冰缝。

有一位朋友和她们同行，这位朋友和玛丽热烈地谈论着物理学，孩子们不得不盯着他，生怕他掉进冰缝里，而不是她们自己掉进去。一路上，孩子们惊讶地听着他对妈妈说的那些稀奇古怪的话，笑得前仰后合，结果都没人留意那些冰缝了。

“您瞧，夫人，”她们听到这位朋友说道，“我想弄明白的是，当电梯在真空中坠落时，里面的乘客究竟会发生什么情况呢？”在伊芙和伊蕾娜听来，这个问题似乎很容易回答，而且还挺有意思。她们压根儿没想到自己正在听的是那个让人难以理解的“相对论”课题呢，因为这位大大咧咧的朋友不是别人，正是了不起的爱因斯坦！

那时候，玛丽的心情又渐渐好起来了，因为“皮埃尔·居里镭研究所”的大楼正在皮埃尔·居里街一点点盖起来。“巴斯德研究所”的所长鲁博士在两年前就提议为居里夫人筹集资金建造一座研究所。这让索邦大学如梦初醒，意识到“巴斯德研究所”正打算把他们的居里夫人从他们这儿抢走！为了防止这样的“灾难”发生，索邦大学便同意与“巴斯德研究所”共同出资建造这座新研究所。

玛丽满心欢喜。她参与制定规划，和建筑师一起商讨所有房间及窗户的样式。她坚持要设计大大的窗户，好让充足的自然光照进来。她还坚持要建一个花园，在大楼动工之前，她亲手种下了一些树和玫瑰。这样的话，在实验大楼建成、开放的时候，这些树和花就能展现出一点生机了。

1914 年 7 月，她看到门上方的石头上写着：

居里镭研究所

她告诉我们，她想起了巴斯德的话：

如果你关心那些对人类有用的成就……如果你看重自己的国家在传播这些了不起的成就中能有一份功劳，我恳请你，多多关注那些我们称之为“实验室”的神圣地方。要求增加实验室的数量，让它们变得更加壮丽辉煌。它们是未来的殿堂，是真正的财富与福祉的殿堂。正是在实验室里，人类变得伟大、变得强壮、变得善良。在那里，人类学会读懂大自然的杰作，那是进步与世界和平的杰作，而人类自己的作品却常常是野蛮且具有破坏性的。

1914 年 7 月，玛丽·居里看着皮埃尔的镭研究所完工时，回想起巴斯德的话，她心里就是这么想的。研究所大楼已经建好了，可玛丽还得等上四年——历经了四年的战争，才能看到镭研究所开始投入使用，才能看到皮埃尔的梦想实现。

第十六章 战争

1914 年 8 月 1 日：

亲爱的伊蕾娜，亲爱的伊芙，

情况好像越来越糟了：我们随时都可能接到战争[①]动员令——我不知道自己还能不能脱身。你们要冷静、要勇敢、要沉着。要是不打仗，我周一就过来；要是打起仗来，我就留在这儿，我会尽快让人去接你们。伊蕾娜，你和我必须想办法出份力。

1914 年 8 月 2 日：

战争动员已经开始了，德国人都没宣战就闯进了法国。在接下来的一段时间里，信件可能很难顺利送达咯。

尽管大家都为奔赴前线的战士们感到难过，但巴黎依旧平静，让人感到庄严。

1914 年 8 月 6 日：

① 指 1914—1918 年间的第一次世界大战。

勇敢的小比利时不同意让德国军队不经过战斗就穿境而过。法国的每个人都满怀希望，觉得尽管这场斗争会很艰苦，但最终将会取得胜利。

波兰已经被德国军队占领了。等他们折腾完后，我的国家还能剩下些什么呢？我没有关于家人的任何消息。

玛丽就是这么给孩子们写信的，那会儿孩子们正在布列塔尼度假呢。

在巴黎，玛丽格外孤独。她所有的同事都去参加战斗了，只剩下一个患有心脏病而没法参军的机械师。玛丽生病了，身体十分虚弱。但她压根儿没去考虑自己的身体状况，也没去想自己的工作正遭遇的灾难。她没有跟着那群妇女主动报名去前线当护士。像往常一样，玛丽快速而又热切地思考着：她的工作能在哪个地方派上用场呢？前线的医院、后方的医院，几乎都没有 X 射线设备——没有这种近乎神奇的新玩意儿。如果有了它，外科医生就能透过人的皮肉，看到深深嵌在伤口里的子弹或者弹片。X 射线从来都不是玛丽研究的领域，她只是对这个感兴趣，上过几堂课而已。但这些都不重要。她要尽快设立 X 射线检测站。她只用了几个小时就列出了巴黎所有能用的 X 射线设备器清单，然后把这些仪器、设备分发到了各个医院。接着，她召集了所有能够使用或者愿意使用这些仪器的科学家们，并把他们分配到了各个医院。就这样，巴黎这边的相关需求就有了保障。

可是，成千上万的伤员从前线被救护车源源不断地送回野战医院，他们该怎么办呢？玛丽没有丝毫犹豫！时间就是一切！她立刻向“法国妇女联合会”寻求资金支持，制造出了第一辆“放射医疗车”。其实，这就是一辆普通的汽车，车上 X 射线设备所需要的电是由汽车的发动机提供的。这辆“移动X射线检测站”在美丽却被战火摧残成贫穷、破败的马恩省，从一家医院开到另一家医院。靠着它，这场战争中最惨烈战役里的所有伤员都能被快速检查，并安全地接受手术。好多伤员因此获救，要是没有它，这些伤员可能就死了。

但在马恩河战役①之前，德国军队已经打到距离巴黎只有几英里的地方了。德军会突破防线吗？他们会占领巴黎吗？玛丽该怎么办呢？她的孩子们孤零零地待在布列塔尼。她应该去孩子们那里吗？当医疗队撤离巴黎的时候，她应该跟着一起离开吗？不！不管发生什么，她都要留在巴黎。因为，就像她自己说的：“要是我守在皮埃尔·居里实验室的新大楼里，说不定德国人就不敢来洗劫它；而要是没人在那儿，德国人肯定会把那里抢得一干二净。”倔强、不屈服的玛丽一想到要逃走就满心厌恶。害怕就等于在帮敌人的忙！无论如何，她都不会让敌人得意扬扬地走进空无一人的皮埃尔·居里镭研究所！但如果玛丽不离开巴黎，她那珍贵的一克镭就必须得转移，而除了她自己，没有人能护送它了。

她穿上黑色的羊驼呢防尘外套，收拾好过夜要用的东西，带着一个小小的、却沉重得出奇的铅盒，坐上了开往波尔多②的火车。在拥挤的火车里，她蜷缩在木制长椅上，将镭放在脚边。她望着窗外，9月初炽热的阳光洒在田野上，而路上是川流不息的汽车和马车，它们在逃离，一直往西逃去。

在西南部海边的波尔多，玛丽站在站台上，等了一个小时又一个小时。她脚边依然放着那个小小的铅盒。这铅盒对于一个女人来说，太重了，根本拎不动，可又太珍贵了，决不能离身。这里没有搬运

---

① 发生在1914年9月，英法联军打败了德军。

② 法国西南部城市。

工，也没有出租车，更找不到住的地方。她苦笑着，心里想着自己是不是得在这儿站一整晚了。不过，最终一位同行的旅伴帮了她，帮她找到了一张床，并将那一克镭安全地存放在了一家银行里。

第二天早上，玛丽返回巴黎。前一晚，在一大群寻求安全庇护的人当中，她只是个不被人注意的旅客。可到了早上，一大群人都盯着她看——他们围聚在一起是看这个“往回走的女人”这一奇特又令人惊叹的景象的。这个“往回走的女人”很高兴能有机会告诉他们，“那边”并没有危险，巴黎不会沦陷，巴黎的居民也不会有危险。不过，这个“往回走的女人”饿坏了。从昨晚到现在，她就没吃过任何东西，而且她乘坐的那列运兵的火车正在田野里停停走走，慢吞吞地朝着巴黎挪动。一位好心的士兵从背包里拿出一块面包给她，她别提有多高兴了！随后，当她又回到美丽却遭受威胁的巴黎时，一个令人欣喜的消息迎面传来：敌人被挡在了马恩河地区。

玛丽一刻都没休息，就匆匆赶到“国家救助协会”总部，去看看接下来自己该做些什么。

“躺下，女士！”协会主席阿佩尔大声说道，“躺会儿休息一下吧。”她照做了，但躺着的时候还在讨论今后的工作。“她苍白的脸上，有着一双大大的眼睛，”阿佩尔说，“她简直就是一团燃烧的火焰。”

接下来就轮到那些“小居里车”登场了。玛丽的两个孩子在布列塔尼，但对于法国的士兵们来说，她就像那些X射线医疗车的“妈妈”一样。很快，从前线受伤被送回来的士兵们，到处都能看到这些医疗车。玛丽在实验室里一辆接一辆地装配好那些医疗车，还从那些不太情愿的官员那里想尽办法争取到了它们所需要的一切。曾经羞怯、腼腆的她，现在为了她的那些“小居里车”，不管在哪，面对什么样的“狮子”，她都敢迎难而上。她从这个人那里搞到“通行证”，从那个人那里拿到“口令”，又从另一个人那儿取得签证，再从富人那儿募得资金，从好心人那儿要来漂亮的汽车——“我会还回去的，”她说道，“要是战争结束的时候这些车还能归还，我一定会还回去的。”

她还给自己弄来一辆大型的雷诺车，与其说它是一辆汽车，倒不如说它更像一辆卡车。随后，一段户外冒险生活便开始了。

在巴黎她的房间里，电话铃响了。一大队伤员需要一个X射线检测站。她出门走向那辆为适应战时环境而漆成灰色、带有大大的红十字标志的汽车。她仔细检查了车上的仪器。接着，在士兵司机给车加油的时候，她穿上深色外套，戴上带有红十字臂章的袖标，又戴上那顶软软的、圆圆的、已经褪了色的帽子，拎着她那个陈旧、泛黄、开裂、被太阳晒得掉了色的皮包，爬到了司机旁边的座位上。然后，那辆老旧的慢车拼尽全力提速，无论白天还是黑夜，无论狂风呼啸还是大雨倾盆，而且不能开车灯，就这样奔赴那些因战斗激烈而闻名的地方——亚眠、伊普尔、凡尔登。

哨兵拦住他们，询问清楚后，就放他们通行了。那辆雷诺车找到了医院。居里夫人选好了她需要的房间，让人把那些箱子搬进了屋里。接着，她快速地把仪器组装起来。与此同时，其他人也准备好了连接汽车发电机和仪器的电缆。司机发动汽车，玛丽检测了电流。然后，她把每一样东西都放在合适的位置上，她的防护手套、防护眼镜，还有用来定位金属的特制铅笔和导线。之后，她把房间弄暗，如果有窗帘就用窗帘遮光，如果没有就用床上用品来遮光。此时，另一间屋子也准备好了，用作洗照片的暗室。

从她到达算起，半小时后，一切都准备就绪，连外科医生也已到位。接着，长长的担架队伍抬着伤员来了，一个接着一个，又一个接

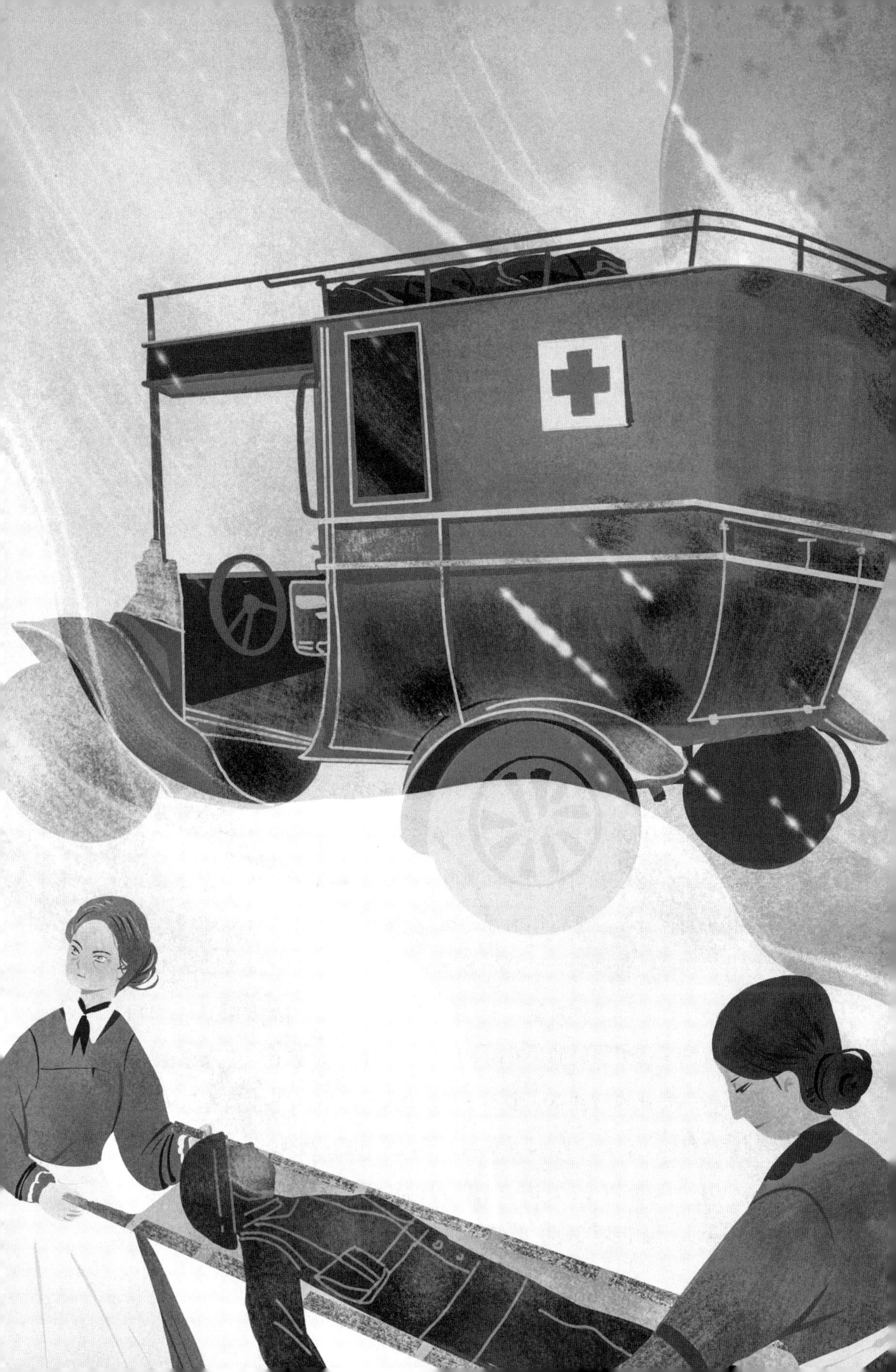

着一个，忍受着剧痛的伤员们被陆陆续续地送了进来。玛丽调试好了检测仪器，外科医生透过仪器查看情况，在骨头或脏器的影像中看到了这样或那样的黑色碎片。

有时候，助手会按照外科医生的指示，记录下金属碎片所处位置的相关情况，方便接下来进行重大手术时使用；有时候，外科医生当场就能进行手术，一边操作，一边观察，看着镊子伸进伤口，绕过骨骼的某些部位，去夹取一块弹片。

几个小时过去了，有时候几天时间就这样过去了。只要还有伤员，玛丽就一直待在那间暗室里。在离开医院之前，她就已经计划好要在医院里设立一个永久性的X射线手术室。过了没几天，她四处奔走、想方设法筹备好了一切，并带着新的仪器设备回到了医院，还带来了一位不知从哪儿找来的新放射科医生。

就这样，玛丽亲自在医院里设立了约200个X射线检查站，再加上她改装的20辆X射线医疗车，总共救治了100多万名伤员。对于一位女性来说，这可是一项了不起的工作啊。

但我们可别想当然地认为她在车上时，总是舒舒服服地坐在前排座位上，旁边有司机相伴，风吹不着，雨淋不着。因为有时候，她不得不自己开车，还得用力摇动那沉重的启动摇把。在那种满是各种碎片的道路上行驶时，要是一路上车胎没被扎破超过两次，她就该暗自庆幸了。在战争岁月里，天气严寒又潮湿，她常常就用那双被镭灼伤的纤细手指更换轮胎。有时候，人们会看到她皱着科学家那样的眉头，极为专业地清理着一个不常见的化油器；有时候，所有男人都上前线打仗去了，她就干起了搬运工的活儿，搬运那些沉重的箱子。

有一次她生气了！因为她的司机转弯转得太快，结果汽车翻进了沟里，玛丽被埋在了一堆散落的箱子下面。倒不是玛丽本人怎么样了，而是她那些精密的仪器遭了殃，这可把她气坏了！不过，当她看到那个年轻人围着汽车跑来跑去，想查看她的情况，还不停地问“夫人，您死了吗？夫人，您死了吗？”时，她忍不住在那些箱子下面大声笑了起来。

有时候，玛丽连早饭或者晚饭都会忘了吃。她总是随便找个地方倒头就睡——要是能找到床，她就在床上睡；要是没有床，只有露天的环境，那她就在星空下睡。对于她这样一个年轻时就过着艰苦生活的人来说，在第一次世界大战中把自己当作一名“战士”，是再自然不过的事了。

但这种像“战士”一样的工作并不是玛丽工作的全部内容。只要一有时间，她就会把旧实验室里的所有仪器设备都打包好，让人搬到皮埃尔·居里的新实验室。在那儿，她再把那些打包好的仪器一一拆开，慢慢地将这个新的科学研究场所布置好。她还去了趟波尔多，取回了她那一克镭，并且每周都会从镭中“提取”它所释放出的放射性物质，再把它们封装在试管里，送到各个医院供医生们使用。

随着X射线检查工作的大幅增多，对放射科医生的需求量也越来越大了。玛丽就在新的镭研究所里教他们、培训他们。他们当中有些人比较愚笨、手脚也不灵活，很难教。但玛丽会一直怀着极大的耐心和同情心，鼓励、帮助他们，直到他们也能够顺利完成这项精细的工作为止。在教学过程中，当时已经17岁的伊蕾娜帮了她不少忙。伊蕾娜还在索邦大学上学的时候，就已经在学习放射学了。妈妈玛丽觉得，伊蕾娜虽然年龄不大，但也能在战地医院帮忙了。

在两年的时间里，她们培训出了150名放射科护士。

仿佛做了这一切还不够似的，玛丽又去走访了比利时的各个医院。有时候，在那些她不熟悉的医院里，那些做护理工作的时髦女士会把这位衣着破旧、模样寒酸的女人错当成清洁工，对她很不礼貌。可玛丽并不在意，倒是一位沉默寡言的士兵和一位护士让她倍感温暖和慰藉，他们俩在霍格斯塔德医院与她一起工作时，相处得很好。这两人正是比利时的国王阿尔贝和王后伊丽莎白。玛丽自己早已没了往日那种冷淡、疏离的态度，面对受伤的士兵时，她变得亲切迷人、温柔谦和，还总是鼓励他们。她常常给那些因对 X 射线不了解而害怕的农民伤员解释，说她那奇怪的仪器就跟照相机一样，不会伤害到他们。她又变得开朗、活泼起来了。

玛丽从不谈论自己，从不说累，哪怕炮弹就落在她身边，她也从不害怕。她每天都坚持做着这些工作，就好像这是世界上最自然不过的事了。

但玛丽渴望和平，渴望着那些疯狂的、残酷的战争能早点儿结束！和世界上的其他人一样，玛丽觉得 1918 年 11 月 11 日是最幸福的一天。那天，宣告停战的炮声在她实验室响起，她又惊又喜。玛丽立刻和助手克莱因小姐冲出实验室，去买旗帜，好让研究所也能一同分享这份荣耀。可巴黎竟然一面旗帜都买不到！她们只好找来三种颜色（法国国旗由红、白、蓝三种颜色构成）的布条，把它们缝在一起凑合着用。然后，玛丽开着那辆旧雷诺车，加入到街上狂欢的人群中，完全没有注意到她车身两侧的挡泥板和车顶上还有十个连招呼都不打就爬上来的乘客。

谁能猜得出接下来的那些日子会有多开心呢？

对玛丽来说，不仅仅是她所在的法国摆脱了那可怕的恐惧，她的祖国波兰也同样获得了解放。波兰终于自由、独立了。在给哥哥的信中，她写道："所以啊，我们这些'生来便处于奴役之中，在摇篮里就被束缚住'的人，终于看到了我们祖国重新活过来了。"

第十七章
在国内

玛丽又回到了位于塞纳河码头边的一套老式大公寓里。塞纳河在巴黎市中心有两个岛屿：一个是西岱岛，形状像只船，是巴黎最古老的地方，那里有古老、肃穆、美丽又著名的建筑；另一个是圣路易岛，同样历史悠久，但更幽静。玛丽就住在圣路易岛的贝蒂讷码头这边。两百多年以前，贝蒂讷街上的房子住的可都是公爵和宫廷贵族呢。

玛丽公寓里的走廊横七竖八，而且还有很多楼梯，布局很不规则。她的房间高大、宽敞，却空荡荡的。她从来都没学会如何享受富足的生活，也不知道怎样让自己周围的环境变得舒适惬意。她那几件红木家具随意地摆放在宽敞、光滑锃亮的地板上！她和伊蕾娜在这冰冷又空荡的房间里冻得直哆嗦，却浑然不觉，不过伊芙会拿出自己的零花钱，试着把她那间大屋子布置得舒适又雅致。有一间屋子很漂亮，那是玛丽的书房，里面摆放着简洁的书柜，挂着皮埃尔的画像，还有插着鲜花的花瓶。所有的房间采光都很好，因为窗户很高，也没有窗帘，向外望去就能看到所有艺术家都爱画的景色：洒满阳光的宽阔塞纳河上，小船来来往往，而色彩斑斓的大驳船缓缓行驶，远处还能看到巴黎圣母院的塔楼。

玛丽当初选择这座岛，是看中了它的幽静和安宁。但实际上，她似乎并不在意自家屋子里的各种嘈杂声。伊芙在弹钢琴，那琴声一个小时接一个小时地回荡着；有只猫在走廊里跑来跑去，弄出的动静在屋里回荡；门铃时不时地当当响，电话铃声也在空荡荡的屋子里响个不停；与此同时，从河上还时不时传来拖船那刺耳的汽笛声。

每天早上八点，玛丽那充满活力、紧凑急促的脚步声就会提醒伊蕾娜和伊芙：忙碌的一天开始了。在接下来的十六年里，每一天差不多都是这样的情形：八点四十五分，汽车喇叭响三声，这是在告诉玛丽——她的小汽车已经停在门口了。她会赶忙抓起帽子和外套，跑下楼去，因为她从不会让司机等她超过三分钟。一开始，是镭研究所里的那个勤杂工开车送她，后来她雇了个专职司机，可那个可怜的勤杂工因为别人来给玛丽开车这事难过得直掉眼泪。她坐着车穿过图尔内勒桥，驶过繁忙的码头，就到了拉丁区。从很久很久以前开始，快乐又爱吵闹的学生们就生活在那儿，他们虽然很穷，却过得特别开心，而如今，所有了不起的学术机构和大楼都矗立在那儿呢。

在皮埃尔·居里街，玛丽来到了镭研究所的大门口。大厅里挤满了人。每天早上大厅里都会有好多人，玛丽把这称作“大集会”。她的那些来自不同部门的学生们总会在她开始工作之前赶来拦住她，他们说这样就不会占用她的工作时间了。他们要么有特别的问题要请教她，要么有东西要给她看，又或者他们盼着玛丽在前一晚已经为他们解决了某个难题，而她也确实常常做到了。“哦，某某先生，你的解决办法行不通，不过我给你想出了另一个办法……”玛丽从一个难题转到另一个，周围的人越聚越多，每个人都带来一个难题。玛丽好像一点儿也不在意这些难题对她脑力的考验。大家常常会用不太流利的法语或者英语向她请教问题，这更增加了现场解决问题的难度。研究所简直就是一座“巴别塔”①，汇聚了东西方各种各样的语言。玛丽讲过一个关于她的中国学生②的故事，那个学生用英语和她交谈：他非常有礼貌，即便玛丽说错了，尽管他知道老师说错了，但他还是表示认同，而玛丽就得绞尽脑汁去猜测藏在他心底的无声的反驳意见。玛丽说，在她那些来自东方的学生面前，她都为自己的举止感到羞愧：“他们可比我们文明多了。”

研究所大厅里大家讨论问题的场景常常好像没有尽头。玛丽不得不找个地方坐下来应对，因为没有椅子，她就坐在楼梯上。想象一下：玛丽蹲坐在最下面的一级台阶上，给站在面前的高个子学生们讲知识，那画面可太有意思了！玛丽是实验室的负责人，已经读过用五种语言写成的所有与镭有关的书了，而且还在不断发明新的技术。她工作起来好像有着神奇的魔力，学生们可以完全信赖她的指导。她既大胆又心细。

问题解决后，学生们会各自去做实验。可能有学生有成果要展示给她看，就会带着玛丽一起去，也可能她最后终于能空下来了，就去自己的实验室做自己的研究。

中午的时候，她走着回家吃午饭，可即便在饭桌上，她依然会和伊蕾娜讨论物理学的问题。伊芙有时候觉得自己根本就插不上话。妈妈和姐姐谈论着 BB^2 和 BB'，而在法语里，BB 的发音是“bébé”，是“宝宝”的意思，这就让伊芙纳闷儿了，搞不懂一个“平方宝宝”和一个“带撇宝宝”到底会是什么东西呢。

在 1926 年，伊蕾娜嫁给了一位才华横溢的年轻科学家，名叫约

① 指《圣经》中描述的通天塔。据说当时人类想建造一座通往天堂的高塔，上帝为阻止人类的计划，让人类说不同的语言，使人类相互之间不能沟通，建塔计划因此失败。
② 指施士元（1908—2007），是中国核物理学先驱、教育家，居里夫人唯一的中国弟子。

里奥，于是伊芙就只能自己跟自己聊天了。

“亲爱的，你来说说吧，”玛丽说，“这世界上的人们都在做些什么呀？”于是，伊芙就会跟她讲各种各样的事，因为伊芙对什么都感兴趣，尤其是那些简单又带有孩子气的幼稚事儿。玛丽喜欢听伊芙讲她开车开得有多快，或者伊蕾娜的孩子开始学说话后都说了些什么，又或者人们对新冒出来的“法西斯主义”有什么看法。

要是碰巧有人称赞某个独裁者，玛丽就会说：“啊！我可是在压迫下生活过的，你们没有这种经历。你们不明白生活在一个自由的国家里有多么幸福。”要是有人支持政府有权处死反抗者，她就会说：“你们永远也没法让我相信，把拉瓦锡①送上断头台有什么正当理由。”

吃完午饭，小汽车又会来接玛丽。也许她会去花市买些普通的庭院花卉，如果能买到野花的话，她也会买野花，因为她一直不喜欢那些娇贵的温室花卉。又或许，她会在卢森堡花园和一位非常重要的“大人物”——她的宝贝外孙女海伦见面。她会坐下来和外孙女一起做“沙子馅饼”，一直玩到该去参加下午的医学科学院会议的时候。在医学科学院里，玛丽是唯一的女性，她的座位紧挨着她的朋友鲁博士。鲁博士可是巴斯德最忠实的门徒呢。

参加完医学科学院的活动之后，玛丽就返回实验室继续工作。平常日子里，她会一直工作到吃晚饭的时候。但是，如果需要加班做实验，她会一直工作到半夜两点。

有时候，研究所里严肃的氛围会被一场茶会打破，那可能是为了庆祝某个学生拿到了理学博士学位。这时候，做科学实验用的玻璃杯就用作了茶杯，玻璃棒则充当起了勺子。茶会结束的时候，玛丽会

① 拉瓦锡（1743—1794），法国化学家、生物学家，被誉为“现代化学之父”。

发表讲话，向这位新博士表示祝贺。在这些茶会中，最让人开心的是庆祝伊蕾娜以及她丈夫弗雷德里克·约里奥两人获得博士学位的那两次。

1934年，这对夫妇有了一个重大发现，那就是人工放射性。他们用α粒子轰击铝箔和其他物质，把它们变成了以前从来没有出现过的新的放射性物质。科学家们意识到，或许以后会有办法制造出能像稀有的镭一样发挥作用的物质。那可太了不起了！因为在镭研究所对面的花园另一边，就有一座大楼，在那里，人们正在用居里疗法，借助镭来帮助治疗癌症。镭是必不可少的，可镭又非常稀有。

然后就是信件的问题了。想一想，一个大人物得收到多少信件吧！幸好有个秘书帮忙拆开那成千上万封信——有轻率、自私的人索要签名的信，不过他们是得不到的；有问些愚蠢问题的信；还有来自广告商、乞丐的信。在这一大堆信件当中，只是偶尔会出现一两封需要回复的。

最后，玛丽还有课要讲。讲课是她讨厌的事。在每周的周一和周三，从天一亮一直到下午五点，她都会紧张得难受，因为她得站在那个小阶梯教室里，同时给大约三十个学生讲课。

在那些年里，玛丽还面临着失明的威胁。医生告诉她，在能做手术之前，她必须忍受两三年近乎失明的状态。可能医生们从来没想过，这对玛丽来说意味着什么。她一心想工作，而且讨厌别人对她的同情。不管发生什么，她都不想让其他人知道自己眼睛的问题。伊芙不得不用"卡雷夫人"的名义，去眼科医生那儿帮她预约配了眼镜。如果要批改学生的论文，她就会让学生把论文拿来，然后巧妙地通过提问来了解论文内容，这样她就能知道学生写了些什么。她想出了各种巧妙的办法来隐瞒自己的不幸，而那些猜到她眼睛有问题的人，也都假装什么都没注意到。这才是真正的善意。做了四次手术之后，她还得重新训练自己的眼睛去正常工作。玛丽的眼睛再也不能像以前那样好用了，但她并没有丧失勇气，她会努力让自己的眼睛继续派上用场。

不过，咱们还是回过头来说一说玛丽平常的一天吧。我们说到她和伊芙一起吃晚饭，通常会吃得比较晚。晚饭后，伊芙得出门，而疲惫的玛丽则躺在沙发上，看着女儿梳妆打扮。“这鞋跟太吓人了，伊芙！你永远也别想让我相信——女人天生就是要踩‘高跷’走路的。”

“还有这露后背的新时尚是怎么回事啊？前面露一点还能忍受，可这大片大片地露着后背呀！不过，这裙子倒是挺好看的。转一圈，让我看看你有多漂亮。”玛丽有些惊愕地看着女儿，说道：“从原则上来说，我倒不是反对你涂涂抹抹的这些事儿。我知道一直以来大家都这样。在古埃及，女人们还发明过更夸张的玩意儿呢。我只能说一点：我觉得这样真的很难看。你把自己的眉毛折腾得太狠了，还把好端端的嘴唇涂得那么红。”

“可是，妈妈，我这样看起来确实更好看呀。”

“更好看！！！听着，为了安慰我自己，明天早上我要趁你还没来得及往脸上涂抹这些吓人玩意儿，就到床上去亲亲你。”

伊芙离开后，玛丽坐在扶手椅上，读点儿诗歌，或者翻看几页心爱的小说，但不会超过一个小时。随后，地板就成了她的“阵地”——在地板上，她有足够的空间把所有的物理学论文摊开，摆在自己身边，然后一直钻研问题到半夜两点。

所以，当伊芙回来的时候，看到的就是这样的妈妈：她正全神贯注地工作着，都没注意到伊芙回来了，嘴里喃喃自语，像在计算着什么，就像她以前在学校里用波兰语说话时那样。

第十八章 在国外

那是 1920 年 5 月。太阳火辣辣的。巴黎的栗子树全都开花了，玛丽像往常一样正在工作着。不过，一件事即将打断她的工作——这是一件令人极其惊讶的事，她压根儿就没料到。

玛丽从不与报社男记者打交道，更不会见女记者了。她讨厌接受采访，也讨厌被公众关注。她印了一些简洁的纸条，以便礼貌而坚决地回复那些想要见她的陌生人："居里夫人很遗憾……"

不过，那些有着爱尔兰姓氏却生活在美国的人，有时候总能想出一些特别的、恰当的、让人难以拒绝的话。有一位梅洛尼夫人就曾写信给玛丽，她说："我那做医生的父亲过去常说，人类的渺小是无论怎样夸大都不为过的。但是，二十年来，居里夫人，在我眼中，您一直都无比伟大，我只想见见您，几分钟就行。"这就相当于换了种说法在问："一只小小的猫咪可以瞻仰一下女王吗？"玛丽打破了自己所有的规矩，回信说："行。"

于是，在那个 5 月的早晨，梅洛尼夫人就在镭研究所，玛丽那间小小的等候室里等候着她，下面就是她所描述的当时发生的情况：

门开了，我看到一位脸色苍白、神情羞怯的女士走了进来，她脸上带着我所见过的最哀伤的神情。她穿着一件黑色的棉布连衣裙。她那端庄、坚毅又温柔的脸上，有着那种埋头钻研学问的人常有的心不在焉的神情。突然间，我觉得自己就像个不速之客。我甚至变得比居里夫人还要羞怯。我做职业记者已经二十多年了，可面对这位身着黑色棉布连衣裙、毫无防备的女士，我竟然连一个问题都问不出来。

倒是玛丽通过聊美国和镭的话题，让这位记者放松了下来。她告诉记者，美国已有五十克镭，而且她清楚地知道每个城镇分别有多少克。“那法国有多少呢？”梅洛尼夫人问道。“我的实验室有一克多一点。”

“您只有一克镭呀？”

“我？我连一克都没有。这一克镭是属于我的实验室的。”

接着，梅洛尼夫人开始说起专利的事儿。她说，她猜想玛丽肯定从那些使用了她提炼镭的方法的人那里赚了不少钱呢。

“镭不应该让任何人变得富有，”玛丽说，“它是一种元素。它属于每一个人。”

那时，梅洛尼夫人肯定觉得，全世界都应该送一份礼物给玛丽，来回报她给予这个世界的一切。她突然问道：“要是在这世上，您能挑选任何一样您想要的东西，您会选什么呢？”

玛丽犹豫了一下，说道：“我需要一克镭来继续我的研究。可我买不起，镭对我来说太贵了。”

就在那时，梅洛尼夫人下定决心，要让美国送给玛丽·居里一克镭。她回到美国后，试图说服十位很有钱的女性每人拿出3000英镑，但她只找到了三位愿意出钱的女性。于是，她便把目光从少数富人转向了广大穷人。全美国的女性都应该联合起来，送给玛丽这份礼物。不到一年的时间，她就写信给玛丽说："我们凑到钱了。属于您的镭已经有着落了。"

不过，美国上下都因这次募捐活动而激动不已。很快，所有的女性都听说了居里夫人镭基金这件事。每个人都想见见居里夫人。可玛丽讨厌人多的场合。她不想去，但之前还从来没有人送过她这么贴心的礼物。尽管这样，她还是开始找借口推辞，说自己舍不得和女儿们分开。热情好客的美国人可没把这当回事儿，他们邀请了玛丽的女儿们，还告诉玛丽，那一克镭将会由总统本人亲自赠送给她。

于是，玛丽、伊蕾娜和伊芙把她们所有的衣物都塞进了一个大箱子，坐着"奥林匹克号"轮船，住进了船上最豪华的客舱，出发去美国了！因为这是美国人的心意。法国为她们举办了盛大的欢送仪式，巴黎歌剧院上演了一场欢庆的演出，最杰出的演员莎拉·伯恩哈特，还有著名的吉特里一家都参加了。只有大西洋不太配合这场向科学致敬的活动，海面阴沉、灰暗、野性十足。这让玛丽满怀渴望地思念起家乡那阳光照耀下的蓝色海洋来。

"奥林匹克号"靠岸时，与她同行的梅洛尼夫人带着玛丽从船舱里走出来，去迎接一场真正的美国式欢迎仪式，只有那些亲身经历过的人才能想象得出那种热情、真挚的氛围。人群已经等候了五个小时，就为了向这位被他们称为"人类的恩人"的女士表达问候。当时正好是夏天，那些宏伟壮观的白色摩天大楼上方，天空湛蓝湛蓝的。码头上，波兰、法国和美国的国旗迎风飘扬，格外醒目。学生们、女童子军们，还有代表旅美波兰女性的三百位女士，在玛丽面前挥舞着红玫瑰和白玫瑰。玛丽坐在上层甲板的扶手椅上，那模样就像是个努力表现乖巧的孩子。梅洛尼夫人拿走了她的帽子和手提包，帮她摆好姿势，好让摄影师拍照。“居里夫人，请您把头往右边偏一点。”“请再往这边来一点……！”

美国的欢迎仪式简直太疯狂了！美国人一心想要让全世界通过他们的眼睛看到，科学家才是最了不起的人。玛丽对纯粹科学的热爱、对利益的不屑，以及她所坚信的“服务大众才是人类活着的真正目的”观念，这些都深深地抓住了美国人的内心。

凡是他们能想到的向玛丽致敬的方式，一样都没落下。他们想在各地欢迎她，都忘了自己国家幅员辽阔、路途遥远。他们为玛丽举办了有五百人参加的欢迎宴会，却忘记了宴会已经持续了很长时间。他们给玛丽奉上数不清的荣誉头衔，却忘了这些头衔她在她自己的国家全都谢绝了。他们邀请玛丽参加大学的典礼，还惊讶于她居然没有学位帽和学位服。他们给玛丽送上专门为她培育的鲜花，却忘了她更喜欢野花。爱常常就是这样。虽然玛丽很累，但她理解他们的这份心意。唯一让她无法忍受的，是他们为她特制的华丽的大学袍，因为指望她穿上丝绸质地的长袍实在是有些过分了，毕竟镭已经损伤了她的手指，而她的手指会因丝绸的刺激而不舒服。

玛丽一开始访问的是几所女子学院。无论她走到哪里，身着白色衣服的女孩子们都会在道路两旁围成“人篱”，或者成群结队地跑过田野去迎接她乘坐的马车。在那一片片白色的人群上方，总是飘扬着彩色的旗帜彩带。在纽约的一次大型集会上，美国大学女性协会的成员们排着长长的队伍依次从她面前走过，一边鞠躬，一边轮流献上法国的百合花和美国的玫瑰花。在另一场有各国大使及大人物参加的集会上，玛丽被授予“纽约市荣誉市民”称号。在玛丽之后，最著名的人物当属帕德雷夫斯基了。很久很久以前，当帕德雷夫斯基还是个苦苦挣扎的钢琴家时，玛丽就曾用掌声鼓励过他。

接下来便是那场重大的活动：那一克镭的赠予仪式。

华盛顿的白宫为这场盛会做好了准备。美国总统以及美国所有大人物都在那儿迎接玛丽，不过那一克镭本身却没在现场。因为镭太危险，也太珍贵了，不能随意放在桌上，让总统拿在手里把玩。它被安全地存放在了工厂里，只派了个“替身”出席。在仪式举行期间，东厅的一张桌子上摆放着一个盛装镭的小匣子，里面装着几管仿造的镭。

四点钟的时候，两扇大门被猛地推开，队列入场了。玛丽挽着哈定[①]总统的手臂走进会场。

在致辞中，总统提醒在场的宾客，玛丽不仅是一位伟大的科学家，还是一位全心全意的妻子和母亲。她承担了男人日常所做的工作，还尽到了身为女性的所有责任。

演讲结束的时候，哈丁总统递给玛丽一份卷起来的羊皮纸文件——赠予证书，然后把那个装着真正镭的匣子的小金钥匙挂在了玛丽的脖子上。接着，在蓝色会客厅里，玛丽坐了下来，所有宾客排着队依次从她面前走过，并和伊蕾娜、伊芙握了手，因为玛丽自己实在是太累了。

这么说来，玛丽拥有了一克镭！其实根本不是。在仪式举行的前一天晚上，梅洛尼夫人把赠予证书拿给玛丽看，当时尽管已经夜深了，玛丽却当即坚持要派人去请一位律师来，以便能让这一克镭合法地归到她的实验室名下。当梅洛尼夫人提议说可以等一周之后再办这件事时，玛丽大声说道：“我今晚也许就会死呢！”从那个晚上起，玛丽的这一克镭就只是一件属于她的实验室，且可供研究使用的物品了。

玛丽还有其他一些地方要去访问。美国人因为让这位客人太过疲

① 哈定（1865—1923），美国第二十九任总统。

劳而满心愧疚，所以就想尽一切办法让她少些劳累。有的时候，他们安排玛丽在一个大家意想不到的车站提前下车，而当激动的人们发现这一情况后，马路上就会出现一长串汽车去迎接这位旅行者。有的时候，玛丽不得不从火车的另一侧下车，跳到铁轨上，再从铁轨上走过去，这可实在算不上能让人好好休息的方式。有的时候，伊蕾娜和伊芙会被当作她们母亲的“替身”，代替妈妈出席活动。当严肃的教授们对着 16 岁的伊芙谈论她的“伟大发现”以及“毕生的辛劳”时，也没人觉得好笑。

不过，当旅居美国的波兰人在芝加哥为玛丽举办庆祝活动时，玛丽出席了。对他们来说，玛丽代表着他们那遥远的故乡，她的成功就是波兰的成功。那些男男女女们脸上满是喜悦的泪水，试图去亲吻玛丽的双脚或者她裙摆的边缘，表示对玛丽的尊重与崇拜。

6 月底，玛丽乘坐“奥林匹克号”轮船启程回国，那一克镭就被锁在船上保险箱那复杂的锁具后面。不过，在玛丽写的信里，她谈论的不是镭，而是内心那一丝丝喜悦，因为她成功地为法国和波兰赢得了更多美国人民的友好情谊。

美国民众对她的喜爱，让玛丽意识到自己对于这个广大世界来说，意义不一般。她意识到，只要看到她的名字、只要她到场，就能对她所关心、所热爱的事物有所帮助。于是，她开始更频繁地外出旅行，去面对各种典礼和会议。她也因此愈加闻名世界。她先后访问了南美洲、西班牙、英国和捷克斯洛伐克。甚至在中国，尽管她没去过，但在一座孔庙里却挂着她的画像，与佛像以及中国古代帝王们的画像并排陈列着呢。

在玛丽所有的旅行中，她都很享受沿途看到的新奇事物。她喜欢那种能跳出水面、还能在空中飞一会儿的鱼；在赤道地区，她发现自己的影子不见了，这可把她逗乐了；在那些陌生的地方，不管是没见过的野花，还是眼熟的野花，她都特别喜爱。

不过，除了那些她一看就喜欢上的东西，还有一些她挚爱的东西，即便要长途奔波，她也会去努力捍卫。和每一个为人类做出过贡献的人一样，玛丽憎恨战争。在战争时期，她愿意像士兵一样保卫自己的国家，而在和平时期，她就热切地希望能为阻止未来的战争发生出份力。她不愿从科学研究中抽出时间去加入各种社会团体，但有一个例外：她同意由国际联盟理事会提名，加入一个叫作“国际智力合作委员会”的团体。这个团体由一些决心用自己的智慧，找到让不同国家携手合作的办法的男男女女组成。玛丽加入这个团体可不是去只动嘴不干事的。她一加入就着手做了很多实实在在的事儿。其中一件就是让各国的科研人员使用统一的科学术语，还要编制全世界所有科学书籍及科学发现的完整清单。这样一来，每个学生都能知道哪些工作已经有人做过了。

接下来，玛丽想制定一个计划，去帮助那些可能因为太贫穷而无法施展天赋的科学天才，不管他们来自哪个国家。玛丽觉得，埋没一个天才是非常可怕的浪费。她竭尽全力去帮助创造一个自由、和平与科学日益发展的世界。既然巴黎的镭研究所已经开始运作了，玛丽便决定在华沙也建造一个镭研究所。她那身在波兰的姐姐布洛妮娅发起了这项呼吁。很快，整个波兰到处都张贴着宣传海报，所有的邮局都在售卖印有玛丽照片的邮票。明信片上邀请每个人“购买一块砖来建造玛丽·斯克洛多夫斯卡－居里研究所”，而且在明信片上还有玛丽亲手写的一句话：“我最热切的愿望就是在华沙创建一座镭研究所。”

1925 年，玛丽终于能去华沙参加研究所的奠基仪式了。共和国总统亲自为研究所奠基，砌下了第一块砖，玛丽则砌下了第二块砖。

总统笑着问她，还记不记得当年他穷困潦倒时，她借给自己的那个旅行枕头。玛丽回答道：“记得呀，而且你还忘了把它还给我呢。”她也还记得，那个在舞台上称赞她的著名演员，不是别人，正是科塔尔宾斯基先生。当年玛丽还是小姑娘玛妮娅的时候，还曾为他编过一顶野花王冠呢。

然而，要是一座镭研究所里没有镭，总归是有些奇怪的。梅洛尼夫人不得不再次去说服美国，再赠予玛丽一克镭。于是，玛丽又一次去了纽约。这一次，她是要代表波兰向美国人民表示感谢的。玛丽住在白宫时，看到白宫里到处都是大象摆件，觉得十分有趣，有大的，有小的，也有特别小的，还有白色的大象。临走时，她得到了两头大象摆件作为礼物，一头是小小的，是用象牙做的；另一头更小，小到几乎看不见。大象是当时美国执政党（即美国共和党）的标志。带着这两头大象摆件和那一克镭，玛丽回到了华沙，看着研究所开始为病人治病。

就像玛丽小时候常做的那样，她漫步在壮阔的维斯瓦河畔，还写下了关于这条河的文字：

维斯瓦河蜿蜒流淌，河面宽阔，水流舒缓；从近处看，河水是灰色的；而从远处看，河水正如天空般湛蓝。可爱的沙洲在阳光下闪闪发光，随处可见，勾勒出河流那变幻莫测的河道。在这些沙洲的边缘，一道道更耀眼的光带，显示出河水变深的地方。我就想在这洒满阳光、壮丽无比的河岸上漫步……有一首歌是这样唱的：“波兰的河水如此迷人，一旦爱上，便会永远钟情。”对我来说，的确如此。这条伟大的河流有着一种难以言喻的、深深的吸引力。

第十九章
假期

在布列塔尼有这么一个地方：粉色的花岗岩悬崖和礁石延伸进一片湛蓝清澈的大海，海面总是风平浪静，因为一片由上千座岛屿组成的礁石群，挡住了大西洋汹涌的波涛。在礁石间的一处洼地里，有个叫拉尔库埃斯特的地方，那儿有几间渔夫的小屋，它甚至都算不上是个村庄，仅仅是个小村落罢了。在这儿，布列塔尼的渔家妇女们进进出出，她们戴着宽大的白色亚麻软帽，用来遮挡迎面吹来的海风。

在高地上的荒野之中，在所有风都能吹到的开阔地带，有一座看起来像灯塔一样的小房子，那就是玛丽的度假小屋——一座单薄又简陋的小屋，却有着无比壮丽的景色。在拉尔库埃斯特，玛丽跟普通人没什么两样。这片土地的“国王”是一位身材矮小、背有些驼的老人。他戴着眼镜，眼镜后面的那双眼睛总是笑眯眯的。他居住的“宫殿”是一座长长的、低矮的小屋，从地面到屋顶都爬满了爬山虎、野生的红色倒挂金钟，还有老人须。小屋伫立在一个果园里，名叫塔申－维昂，在布列塔尼语里的意思是“小果园地”。它的门总是敞开着，除非刮东风的时候才会关上。这位老“国王”所有的“臣民”——包括玛丽、伊蕾娜、伊芙、弗雷德里克·约里奥，还有孩子们、小宝宝们、科学家们、作家们——其实，是所有喜爱他的人。每个人都很喜爱他，一整天都会来拜访他，却从来没有人想到这样一个事实——这位“国王”是当时活着的、最有学问的历史学家之一，他不是别人，正是人人都知道的夏尔·瑟诺博斯[①]。是他发现了拉尔库埃斯特，于是每年夏天，巴黎最聪明、最有学问的人们都会去他那儿度假。

每天早晨，玛丽都会戴着一顶洗得褪了色的亚麻布帽子，穿着一条旧裙子、一双凉鞋，还有那件拉尔库埃斯特所有人——无论是渔民们还是女士们——都会穿的黑色双排扣水手夹克，沿着那条陡峭的小路往前走。这条小路曲曲折折，从她住的高地荒野向下延伸，一直通到塔申家花园里那些绚烂绽放的花丛。

“早上好，居里夫人。”瑟诺博斯喊道。

“早上好！”另外大约十五个人也齐声问好。他们有的躺在草丛里，有的躺在花丛中，大家穿着奇奇怪怪的衣服，看上去就像一群吉卜赛人。

玛丽把她的背包扔在地上，然后在旁边坐了下来。拉尔库埃斯特和其他地方一样，也有着严格的社会等级划分，但和大多数村子里的又不太一样。在拉尔库埃斯特，地位最低的人被叫作“门外汉”，是一些不属于拉尔库埃斯特的外来户。比他们等级稍高一点的是那些你可以认识认识的人，被称作“大象”，他们算是朋友，不过是些不走运的“旱鸭子”，在陆地上比在海里自在舒服。他们挺可怜的，但会慢慢变好的。比“大象”地位更高的，是村子里受尊敬的人——“水手”。而高高在上、令人崇敬的是“鳄鱼”，他们熟知海上的所有本

① 夏尔·瑟诺博斯（1854—1942），法国实证主义史学最著名的代表人物之一。

领——他们不仅会游泳，还能在湍急的水流中“爬泳”，掌控着船帆和船桨。玛丽从来都不是“门外汉”，不过要成为“鳄鱼”也没什么指望。她起初是“大象”，后来就提升为“水手”了。

瑟诺博斯一声令下，当天负责出船的“水手”们便解开了停靠在码头的两艘帆船、六艘划艇，还有小帆船和小艇，然后划着它们向礁石砌成的栈桥驶去。

“上船！上船！”瑟诺博斯下令道，“我来划尾桨，居里夫人划头桨；佩兰和博雷尔也来划桨；弗朗西斯，你来掌舵。”

船上的船员们全都是行家。那艘白绿相间的小船转起了圈儿，因为有个人划得太用力了。掌舵的人喊着让划桨的人注意：“头桨没有跟上尾桨的节奏。”玛丽顿时脸红了，赶紧调整自己划桨的节奏。阳光下，海面波光粼粼，水手们唱起了歌：

三个小伙儿呀，划船去海岛啊！
带着满船的欢乐，出发——
划向海岛啊，三个小伙儿呀……

唱完第三首歌的时候，就该换划船的人了，因为要把船划过急流，到达罗什弗拉斯岛，得需要力气更大的人。罗什弗拉斯岛是一座紫罗兰色的荒岛，拉尔库埃斯特人都在那儿洗澡。男人们把与棕色海鸥共享的那片海岸当作更衣室；女人们则有一间铺满柔软绿草的岩石洞作为更衣室。

玛丽第一个跳进了那清澈见底的水里。就算她不会自由泳，可她游泳游得很棒。一到水里，她就好像变回年轻的时候了。她的白发藏在了泳帽下面，没有人能看到她脸上的皱纹。她身材苗条、动作优雅、身手敏捷，对自己的游泳本领可自豪了。

“难道我不比博雷尔游得好很多吗？”玛丽朝伊蕾娜喊道，而伊蕾娜可不是那种爱拍马屁的人，她实话实说道：“嗯，好很多呢，妈妈。根本没法跟你比呢。”

洗完澡后，玛丽晒着太阳，吃了一块松脆的小面包。“这样的生活真好啊。”她轻声说道，或者说：“不美好吗？”谁都不允许再说拉尔库埃斯特有多美了，就连玛丽·居里也不行。这是大家都不会去做的事情之一。拉尔库埃斯特是世界上最优美的地方，这每个人都知道，所以也就没必要说出来了。

到了中午，这些小船伴着船员们的歌声往家的方向驶去。玛丽光着脚，露着腿，手里提着凉鞋，挽起裙摆，蹚过那围聚着成群白色海鸥的黑色淤泥，朝着岸边走去。

大家都各自回家吃午饭了，不过，大多数人两点钟又回到了塔申，准备坐“野玫瑰”号游艇出海航行。这些游艇和小船全都是瑟诺博斯的。这里所有的东西都是他的，不过，他是那种喜欢把自己的东西与朋友们分享的人。

玛丽没有去乘船出海。她觉得坐在帆船里慢悠悠的，太消磨时间了。相反，她会坐在自家那像灯塔一样的小屋里批改科学论文，或者带上铲子、耙子和修枝剪去打理花园。芦苇和荆棘划破了她的皮肤，渗出了血；不知从哪冒出来的石头使她的脚踝扭伤了；她还不小心用锤子砸到了手指头。可她对这些小伤小痛根本不在意。

六点钟的时候，她又去洗了个澡，然后去塔申陪陪那里年纪最大的老奶奶，顺便等着“野玫瑰”号回来。在夕阳的映照下，游艇金色的船帆刚好在晚饭前出现在视野中。那些率真、开心的船员们回到了塔申，姑娘们的头发上还别着瑟诺博斯每天从自家花园里摘给她们的康乃馨呢。

晚饭后，每个人都穿过那扇永远敞开的门回到塔申。也许他们会玩些游戏，像组词或者猜字谜这样的简单游戏。有时候还会举办舞会。用手风琴奏响乐曲，为那些老式的舞蹈伴奏，大家翩翩起舞——不管是科学家还是农民，也不管是仆人还是主人，所有人都在一起跳着舞。

有时候，在晴朗的夜晚，玛丽、伊蕾娜和伊芙会手挽着手，在黑暗中沿着神秘蜿蜒的小路散步，小路旁边就是深紫色的大海。某阵突然刮起的海风，带来了礁石那边巨浪的轰鸣声，这是否会让玛丽想到，就像这大海一样，她所发现的镭虽然光芒闪耀，却也充满着危险呢？

拉尔库埃斯特离潘波尔很近。拉尔库埃斯特的人们整天与阳光照耀下的大海嬉戏玩耍；但潘波尔的男人们都是去冰岛捕鱼的，他们最清楚大海那黑暗、苦涩又陌生的一面。

每年放假的时候，玛丽都会与那波光粼粼、纯净无害的大海嬉戏玩耍。而工作的时候，她就和镭打交道。她吸入了镭发出的射线。镭灼伤了她的双手，因为她看不上那种铅制防护用具，虽然她会让别人戴上。镭还使她的血液发生了奇怪而神秘的变化，这让法国最厉害的医生都疑惑不解，摸不着头脑。

直到 1934 年 7 月 4 日，玛丽·居里因为患上了一种不为人们所知的疾病，在山区的桑塞罗默兹去世。这时，医生们才猜测到，玛丽是因为和自己那伟大的发现——镭——太过“亲密”才丢了性命的。